新时代中国企业文化

华　锐◎著

图书在版编目（CIP）数据

新时代中国企业文化 / 华锐著. —北京：企业管理出版社，2020.9

ISBN 978-7-5164-2192-5

Ⅰ. ①新… Ⅱ. ①华… Ⅲ. ①企业文化－研究－中国 Ⅳ. ① F279.23

中国版本图书馆 CIP 数据核字（2020）第 149582 号

书　　名：新时代中国企业文化
作　　者：华　锐
责任编辑：张　平　宋可力
书　　号：ISBN 978-7-5164-2192-5
出版发行：企业管理出版社
地　　址：北京市海淀区紫竹院南路 17 号　　　　邮编：100048
网　　址：http://www.emph.cn
电　　话：编辑部（010）68701638　发行部（010）68701816
电子信箱：qyglcbs@emph.cn
印　　刷：北京七彩京通数码快印有限公司
经　　销：新华书店
规　　格：170 毫米 ×240 毫米　16 开本　14.25 印张　219 千字
版　　次：2020 年 9 月第 1 版　　2020 年 9 月第 1 次印刷
定　　价：68.00 元

版权所有　翻印必究　·　印装有误　负责调换

谨以此书献给新时代的中国企业和企业家。

——作者

前　言 ▶

习近平总书记在党的十九大报告中庄严宣告："经过长期努力，中国特色社会主义进入了新时代，这是我国发展新的历史方位。"当前，我们站在这个新的历史方位上，认真学习理解和把握新时代的丰富内涵和重大意义，深入总结我国企业文化建设的经验教训，研究思考和把握企业文化的未来发展趋势，对于建设新时代中国企业文化具有重大的历史意义和现实意义。本书就是对这一理性思考与实践探索的初步尝试。

一个时代有一个时代的主题，一代人有一代人的使命。

面对新时代、新征程、新目标，我们不禁要问：

什么是新时代中国企业文化？

新时代中国企业文化应该如何传承与创新？

新时代中国企业文化建设的内容与形式有什么新变化？

新时代中国企业文化的理论研究与实践探索如何实现新的突破？

中国企业和企业家应该如何书写新时代企业文化的新篇章？

……

2020 年注定是新时代具有重要里程碑意义和不同凡响的一年，在将要全面建成小康社会和实现第一个百年奋斗目标之际，却不幸发生了新冠肺炎疫情。在习近平总书记亲自指挥部署下，中国人民万众一心、同舟共济，打响了疫情防控人民战争、总体战、阻击战，经过艰苦努力，终于使疫情防控形势呈现积极向好的态势。特别值得一提的是，中国的企业、企业家和企业员工们在这次抗疫战中，听从指挥、快速反应、顾全大局、积极行动，边紧急防控疫情、边支援抗疫前线、边克服困难复工复产，以舍我其谁的豪迈气概扛起了中国企业的责任担当，展示出了中国企业独有的历经磨难而不衰、饱尝艰辛而不屈、忍辱负重而不怨、拼搏奉献而不悔的优秀精神品格，使作为企业“灵魂”的企业文化经受住了疫情的“大考”！作为“一个致力于研究和探索中国企业文化，并愿为此而奋斗的人”，我为此感动不已，便不由得想起自己于20年前写的第一本企业文化专著——《新世纪中国企业文化》。在这本书的前言里我明确提出：“中国要真正成为一个世界强国，必须依赖于现代最先进的生产力的承担者——企业，必须依赖于企业生存与发展的灵魂和精神支柱——企业文化”。

光阴似箭，日月如梭。20年这么快就过去了，但21世纪的钟声却仿佛还在耳边回响，好像它在悄悄地告诉我，《新世纪中国企业文化》的最后一句话已经得到了印证：“在伟大的21世纪，人们完全有理由相信，中国的企业文化不仅要为中国经济而且还要为世界的经济发展做出贡献”。正如习近平总书记在党的十九大报告中所指出的：“我国经济实力、科技实力、国防实力、综合国力进入世界前列，推动我国国际地位实现前所未有的提升，党的面貌、国家的面貌、人民的面貌、军队的面貌、中华民族的面貌发生了前所未有的变化，中华民族正以崭新姿态屹立于世界的东方”。

为此，本书根据中国企业文化的发展实际，结合新时代的内涵、特征和本质要求，立足“文化是一个国家、一个民族的灵魂”的总定位，根据“文化自信是更基础、更广泛、更深厚的自信，是更基本、更深沉、更持久的力量”的总论断，以习近平新时代中国特色社会主义思想为指导，以中国共产党的全面领导为根本，以中华民族伟大复兴的中国梦为引领，以社会主义核心价值观为支撑，以中国特色社会主义文化为底蕴，从新时代中国企业文化的**科学定位、本质内涵、主要特征、理论创新、战略校准、体系构建、结构优化、载体创新、功能提升、职能拓展、模式构建、未来思考**十二个方面进行了深入的研究探索，力求为新时代的中国企业文化建设描绘一幅新蓝图、开辟一条新通道、打造一套新模式、筑起一个新平台。

新时代是奋斗者的时代。我深信“幸福都是奋斗出来的”，而“奋斗本身就是一种幸福”。说来有意思的是，20年前我写《新世纪中国企业文化》的时候，是一个服役30年的老兵，从原中国人民解放军总装备部司令部“921工程指挥部”副主任位置上退休，此前写了《新时期基层干部带兵方略》《新时期班长工作问答》《新时期战士军旅修养》等书。20年后的今天，写《新时代中国企业文化》的时候，又作为一个在企业文化战线奋战 20 年的“老兵”，从中国企业文化研究会常务副理事长的位置上第二次退休，此前写了《企业文化简明手册》《企业文化教程》《点击企业文化》《企业文化体系管理》《企业文化教练》《中国企业精神》，主编了《21 世纪中国企业文化实践与探索丛书》等。如果说自己过去在部队是“革命战士一块砖，哪里需要哪里搬”，那么自己现在就是新时代中国企业文化建设的一块无怨无悔的“铺路石”，默默无闻、坚韧不拔、矢志不渝，甘心奉献自己的一切。

“雄关漫道真如铁，而今迈步从头越。”正如习近平总书记所指出的：“中华民族历史上经历过很多磨难，但从来没有被压垮过，而是愈挫愈勇，不断在磨难中成长、从磨难中奋起”。此时此刻，我真诚地希望大家携起手来，在奔涌不息、波澜壮阔的新时代，不忘初心、不辱使命、不畏艰险、不负韶华、只争朝夕，共同为新时代中国企业文化谱写新的壮丽诗篇。

目 录

第四章 为有源头活水来
——新时代中国企业文化的理论创新

第五章 危者使平
——新时代中国企业文化的战略校准

第六章 知止而后有定
——新时代中国企业文化的体系构建

第七章 与时化合
——新时代中国企业文化的结构优化

第八章 厚德载物
——新时代中国企业文化的载体创新

第九章 天生我材必有用
——新时代中国企业文化的功能提升

第十章 彩练飞舞
——新时代中国企业文化的职能拓展

第十一章　唯天下至诚
——新时代中国企业文化的模式构建

第十二章　我们是龙的传人
——新时代中国企业文化的未来思考

| 第一章 |

起航新时代

——新时代中国企业文化的科学定位

2017 年 10 月 18 日，习近平总书记在中国共产党第十九次全国代表大会上庄严宣告：中国特色社会主义进入了新时代!

这是党的十八大以来党和国家事业取得的历史性成就，镌刻了党的历史、中华人民共和国历史、中华民族历史发展新的里程碑；

这是党和国家事业发生的历史性变革，使我国各个方面的发展站到了新的历史起点上；

这是中国特色社会主义最本质特征的真实体现，确立了我国发展新的历史方位；

这也是我们党和国家为世界社会主义发展史和人类社会发展史奉献的一个全新的价值坐标。

一个时代有一个时代的主题，一代人有一代人的使命。

面对新时代、新征程、新目标，我们应该如何科学定位新时代的中国企业文化，实现从新世纪中国企业文化到新时代中国企业文化的历史性跨越呢?

文化自省——回归企业文化本位

每一年都有春天，但 2018 年的春天却更饱含新意、充溢希冀、令人振奋、催人奋进：

这是全党全国各族人民学习贯彻落实习近平新时代中国特色社会主义思想的第一个春天；

这是我们党在新时代开启新征程、续写新篇章、展示新形象的第一个春天；

这是贯彻落实党的十九大精神决胜全面建成小康社会、实施“十三五”规划的第一个春天；

这是中国人民迎来从站起来、富起来到强起来的伟大飞跃的第一个春天；

这是隆重纪念改革开放40周年并续写好这一决定当代中国命运的壮丽诗篇的第一个春天；

这是企业文化作为一门崭新的企业管理理论，肩负新时代使命、经受新时代考验的第一个春天……

众所周知，企业文化是在一定社会历史条件下，企业在生产经营过程中形成的具有本企业特色的文化观念、文化形式和行为模式，以及与之相适应的制度、组织和物质手段，体现为企业及其成员的价值准则、经营哲学、行为规范、共同信念及凝聚力等，其核心是企业的价值取向、精神支柱和动力源泉，其本质是企业价值博弈活动的结果，其根本作用特征是企业的灵魂、是企业生命延续的血脉和员工的精神家园。

2014年2月24日，习近平总书记在中共中央政治局第十三次集体学习时曾强调："核心价值观是文化软实力的灵魂、文化软实力建设的重点。这是决定文化性质和方向的最深层次要素。一个国家的文化软实力，从根本上说，取决于其核心价值观的生命力、凝聚力、感召力"。

一个国家是这样，一个企业也是这样，一个优秀的企业更应该是这样。我们应让企业文化回归到本位，静静地、慢慢地、深深地进行思考以下三个问题：

什么是真正的企业文化?

什么是新时代中国企业文化?

怎样建设新时代中国企业文化?

文化自觉——确立企业文化标位

从一般意义上讲，文化自觉是对文化的自我觉醒和自知之明。跨入新时代的中国企业的文化自觉，则是指企业对自己文化的形成过程及地位作用的再认识，以新的觉悟和觉醒确立新时代企业文化建设的标志方位，其实质是对新时代中国企业文化特点、规律的正确把握和文化使命主动担当责任。

那么，新时代中国企业文化应该是一种什么样的自觉，以什么样的标位科学定位新时代中国企业文化呢？

首先，对企业文化起源再了解、再认识，正确把握新时代中国企业文化建设的基础标位。企业文化作为一种有意识的企业实践，始于第二次世界大战后的日本；作为一种在管理理论基础上发展起来的企业文化理论体系，则创建于20世纪80年代初期的美国，其标志是美国企业管理理论界接连出版的四本畅销书：美国著名美日比较管理学者威廉·大内的《Z理论——美国企业界怎样迎接日本的挑战》；美国丹佛大学教授巴斯克和美国哈佛大学教授艾索斯合著的《日本的管理艺术》；美国企业管理咨询顾问托马斯·彼得斯和小罗伯·沃特曼合著的《寻找优势——美国最佳公司的经验教训》；美国著名的麦肯锡管理咨询公司顾问阿伦·肯尼迪和特伦斯·迪尔合著的《企业文化——企业生活中的礼仪》。至此，风靡全球的“企业文化”新潮正式兴起。从当时企业文化兴起的情况来看，世界各国的企业都不同程度地面临着与过去完全不同的新情况、新问题、新挑战，如现代科学技术的迅猛发展，使企业中劳动的性质和劳动力的构成发生了重大变化；企业中脑力劳动者和“文化人”增多，物质性需求对员工来说虽然仍是基本需求，但员工对精神上的自由和人格方面的自尊的需求日趋增大；企业的外部环境更具开放性质，企业经营的国际化趋势日益增强，市场竞争日趋激烈，使企业为了谋求发展以至生存，不得不重视形成和发展自己的企业文化，以立于不败之地。虽然世界各国的企业所处的环境和面临的问题不一样，但是在企业文化理论与实践上面却大致相同，并渐渐地趋于一致地把握住了企业文化的核心要义，即**以人为本、价值创新**。迄今为止，这仍是我们进行企业文化理论研究和实践创新的源头，也是新时代中国企业文化建设的基础标位。

需要注意的是，新时代中国企业进行企业文化的理论研究和实践，要把以人为本作为企业文化建设的切入点，把价值创新作为企业文化建设的着力点，在讲以人为本的同时，更要注重企业的价值创新，即企业人的价值、产品价值、服务价值乃至生命价值的不断创新。

**其次，对中国企业文化发展历程再回顾、再思考，正确把握新时代中

国企业文化建设的基本标位。文化无所不在、无处不有。企业文化作为经济领域的文化表现，存在于经济发展史中，与企业同始同终。因此，研究新时代中国企业文化，必须要研究中国企业文化的发展历程。作为一种独立的、观念形态上的文化，中国企业文化的历史可以追溯到企业最初的组织形式——手工作坊或手工工场中去。这是因为企业文化伴随着小商品经济的产生而萌芽，并随着经济的不断发展而发展。众所周知，中国企业精神的概念远远早于西方企业文化概念和理论的提出，也可以说，中国企业精神就是中国特色的企业文化，深深地打上中华民族的历史印记，记录着勤劳的中国企业和企业家们的心理路程、思想境界和精神状态，并随着时间的推移而不停地向前……以此判断，中国的企业文化大致经历了简单商品经济阶段的萌芽、近代民族资本主义阶段的孕育与诞生、新中国社会主义建设初期的变革更新、改革开放初期的唤醒振兴、社会主义市场经济时期的创新发展、21 世纪的与时俱进和中国特色社会主义新时代的历史性升华等发展阶段，其基本特点和规律是：作为我国先进生产力和生产关系代表的工人阶级是中国企业文化诞生的基础，以爱国主义为核心的民族精神是中国企业文化生生不息、奋进崛起的源泉，中国共产党的先进思想和中华民族的优秀传统文化是中国企业文化创新发展的灵魂和基因。

通过对中国企业文化发展历程的再回顾、再思考，我们进一步认识到，研究新时代中国企业文化，不仅要从国外企业文化的理论源头去认识和了解，更要立足中国实际，从中国企业文化的历史发展脉络更深层次去研究和探索，从中国社会、民族特性等更广阔的范围去总结和概括，这就是我们要正确把握的新时代中国企业文化建设的基本标位。

再次，对新时代中国企业文化再探索、再觉悟，正确把握新时代中国企业文化建设的基准标位。对新时代中国企业文化的再探索、再觉悟，就是要求中国企业一定要立足新时代、放眼全世界，正确把握好新时代中国企业文化建设的基准标位，用新视野、新思维、新理念创造性地开展企业文化建设。一是要以习近平新时代中国特色社会主义思想为指导，正确认识和把握新时代企业文化的特点和规律；二是要准确把握中国特色社会主义进入了新时代，这是我国发展新的历史方位，以企业文化创新为突破口，迅速地进行企业价值重构，重点塑造新时代的企业使命、企业愿景、企业核心价值观和企业精神；三是要紧紧抓住新时代人民日益增长的美好生活需要和不平衡、不充分的发展之间的新矛盾，精准定位自己的发展方向、发展目标，打造企业的核心竞争力，满足国内外市场日益增长的多样性和差异性需求；四是要科学绘制新时代企业发展的宏伟蓝图，加快培养和锻造中国企业的文化引领力、战略支撑力、资源配置力、价值创造力、产品创新力、品牌影响力、卓越创新力，绝不能闭关自守、孤芳自赏、井蛙自大。

文化自立——聚起企业文化势位

新时代的中国企业，面对文化越来越重要的现实情况和要求，对文化自立也就愈加迫切。因为对于企业来讲，文化的意义不仅在于对自身文化的说明，还在于通过对自身文化的说明获得一种文化的自立，不断地反省和优化自己的文化性格，进一步强化和确立自省、自觉、自立、自信的企业文化。

中国企业的文化自立，是中国企业依靠自己的信念和力量，对企业核心价值观的持久坚持，是中国企业对自我价值创造力和社会奉献力的充分肯定。一个没有核心价值观与核心竞争力的中国企业就不可能在文化上自立，一个不能在文化上自立的中国企业就不可能有物质技术的独立和自主的市场竞争力，而只能无可奈何、仰人鼻息地依赖或依附于别人。

习近平总书记在2013年8月19日全国宣传思想工作会议上强调："宣传思想工作一定要把围绕中心、服务大局作为基本职责，胸怀大局、把握大势、着眼大事，找准工作切入点和着力点，做到因势而谋、应势而动、顺势而为。"这个讲话虽然针对的是宣传思想工作，但"宣传思想"不就是文化吗？习近平总书记这段话不仅从根本上明确了我们党和国家在宣传思想建设上的方向目标和基本遵循，也从根本上明确了我们新时代中国企业文化建设方面的方向目标和基本遵循。那么，我们中国企业应该如何实现新时代的文化自立，在科学定位新时代中国企业文化的基础上，聚起企业文化的势位呢？

首先，要心系新时代，立足自我，以特有的文化自立性格谋势。《孙子兵法》中曰："势者，因利而制权也。"意思是说，在军事上造势，就是在战争瞬息万变的情况中抓住有利的时机采取恰当的应变行动。因而，中国企业必须要把思想认识统一到习近平新时代中国特色社会主义思想和党的十九大精神上来，加强对新时代新形势的冷静分析和科学研判，沉着应对国际复杂多变的政治经济文化环境，时刻保持清醒的头脑，立足自我，坚定信念和信心，敢于面对各种新的风险，勇于接受各种新的挑战，迎难而上，奋发有为，在祖国新时代大局下谋划企业发展战略，在世界发展大势中思考前进的方向和目标，以文化校准工作的切入点和着力点，驱动创新，打造品质，转型升级，做新时代的排头兵。

其次，要胸怀新时代，坚持自我，以特有的文化自立心态应势。中国企业必须要围绕新时代新目标，着眼发展中国特色社会主义、实现中华民族伟大复兴中国梦的重大主题，登高望远，应势而动。一是要强化大局观念，以"穷则独善其身，达则兼济天下"的胸襟，与时代同步伐、与人民共命运、与祖国同发展。二是要强化价值导向，以社会主义核心价值观为核心坐标，讲政治、明方向、正立场、稳定力，突出重点、抓住关键，增强价值创造的主动性，掌握价值创造的主动权，打好价值创造的主动仗。三是要强化责任担当，以紧迫的时代感、强烈的责任感、光荣的使命感，紧紧抓住从"物质文化需要"到"美好生活需要"、从"落后的社会生产"到"不平衡、不充分的发展"的主要矛盾转换，在祖国和人民最需要的时候挺身而出。

再次，要融入新时代，改变自我，以特有的文化自立气质顺势。中国企业的文化自立气质就是中国企业的"精气神"，是中国企业应有的自强不息的天生禀赋。当前，中国企业融入新时代最需要、最紧迫的就是顺势而为，进一步增强学习的紧迫性和主动性。正如古人所说的"好学近乎知，力行近乎仁，知耻近乎勇"，通过持之以恒地学习进取、知行合一，彻底改变自我。需要注意的是，我们讲文化自立，并不是排除异己、抵制他人，而是传承我们中国传统的仁爱精神、自然精神、圆融精神，以自立融入，以包容顺势，在顺势新时代的过程中不断优化与调整自己的文化自立气质。

最后，要助推新时代，超越自我，以特有的文化自立精神造势。人类倾其全力认识、改造自然的过程，就是不断创新的过程，也是文化形成的过程。企业本身就是一个创新体，创新就是企业的生命，而企业文化的创新显然比企业物质的创新更重要。那么，中国企业应该怎样不断超越自我，以特有的文化自立精神在新时代造势呢？一是以“革故鼎新”的精神，亮出中国企业锐意创新的锋芒，实现中国企业从学习到追赶、从追赶到并肩、从并肩到超越、从超越到引领的历史性进步；二是将中国传统文化中的中和、虚静、阴柔、内敛与冲决、飞动、阳刚、外拓进行柔和补充，展示出一种中国企业在新时代雄浑刚健、激扬世界的气度；三是坚定、自信地同世界企业进行平等而积极的交流，主动向世界一流企业对标学习，在企业“走出去”的同时，先要文化“走出去”；四是重新塑造中国企业的文化性格，使中国企业不仅有自尊，还能够获得世界各国的尊重，而绝不能唱“独角戏”、走“独木桥”，脱离新时代，绝不能墨守成规、一成不变，落后新时代，绝不能不讲诚信、弄虚作假，背离新时代，绝不能犹豫懈怠、畏难不前，拖累新时代。

文化自信——稳固企业文化首位

文化自信是习近平总书记提出的时代课题。

2016 年 7 月 1 日，习近平总书记在庆祝中国共产党成立 95 周年大会的重要讲话中指出“我们要坚持道路自信、理论自信、制度自信，最根本的还有一个文化自信”。“文化自信，是更基础、更广泛、更深厚的自信。”

2017 年 10 月 18 日，习近平总书记在中国共产党第十九次全国代表大会上的报告中再次强调“文化自信是一个国家、一个民族发展中更基本、更深沉、更持久的力量”。

从我们党、国家和民族的层面理解，文化自信就是对自身核心价值的充分肯定，对自身信仰、信念的持久坚持，对自身未来发展的坚信不疑，对自身不断反省和勇于革命的豪迈气魄。

从中国企业的成长发展历程、文化形成过程和新时代中国特色社会主义的实践需要来思考，新时代中国企业的文化自信应该是对企业既有优良文化传统的不断传承与创新，对企业核心价值体系的肯定与坚守，对企业发展的首要思维和鲜明态度，对企业生命力、价值创造力的渴望与执着。可以说，文化自信是新时代中国企业自信心和自豪感的不竭源泉，是新时代中国企业在当今世界多元文化并存对比和互动中的稳定根基，是新时代中国企业不忘本来、吸收外来、着眼将来，不断提升自身文化水平的特有能力，是新时代中国企业积极展示风貌和塑造形象的精神底色。

需要注意的是，新时代中国企业的文化自信不是“空穴来风”，也不是“空中楼阁”，更不是“空头支票”。我们必须清醒地看到文化自信的前提是文化，没有文化何来文化自信？文化自信的关键是文化正确，错误的文化何谈文化自信？文化自信的重点是文化独立，没有自主的文化何有文化自信？

因而，新时代中国企业的文化自信，必须立足于企业、始之于文化、成之于发展，以文化自省促进文化自觉，以文化自觉促进文化自立，以文化自立促进文化自信，科学定位新时代的中国企业文化，牢牢稳固企业文化在企业的首要地位，即**文化引领战略、理念主导经营、觉悟胜于管理、习惯决定成败。**

为此，需要重点做好以下几个方面的工作。

第一，溯新时代中国企业文化自信之源，打牢稳固企业文化首位的根基。一是以习近平新时代中国特色社会主义思想和有关文化建设的重要论述为依据，从“文化是一个国家、一个民族的灵魂。文化兴国运兴，文化强民族强。没有高度的文化自信，没有文化的繁荣兴盛，就没有中华民族伟大复兴”的高度，正确认识文化的地位和作用，进一步明确和把握中国企业文化自信的本质和特征。二是用中华民族五千多年文明历史所孕育的中华优秀传统文化，党领导人民在革命、建设、改革中创造的革命文化和社会主义先进文化，作为新时代中国企业的价值坐标，积淀和滋润文化自信。三是以马克思主义中国化的最新成果、中国梦和社会主义核心价值观作为新时代中国企业文化的本质内涵和文化自信的最显著特征。四是将国家和人民的信仰信念、中华民族最深层的精神追求化为新时代中国企业文化的价值认识、价值认同和价值认知，使新时代中国企业的文化自信打上中华民族独特的精神标识。

第二，铸新时代中国企业文化自信之魂，抓住稳固企业文化首位的关

键。价值取向是新时代中国企业文化自信的灵魂。2014 年 5 月 4 日，习近平总书记在五四青年节期间到北京大学与师生座谈时强调："每个时代都有每个时代的精神，每个时代都有每个时代的价值观念。一个民族、一个国家的核心价值观必须同这个民族、这个国家的历史文化相契合，同这个民族、这个国家的人民正在进行的奋斗相结合，同这个民族、这个国家需要解决的时代问题相适应。"2018 年 4 月，首届数字中国建设峰会在福州举行，与会嘉宾热议科技强国。阿里巴巴集团董事局主席马云表示，"在社会发展人类进步的关键技术、核心技术上突破，是大企业当仁不让的责任"。中国电子科技集团有限公司总经理刘烈宏认为："信息化不能建立在核心技术缺失的沙滩上，掌握核心技术，对中国信息产业发展至关重要"。腾讯公司董事会主席兼首席执行官马化腾在峰会主论坛中提出，我们的数字化技术需要"站上来"。"中国摆脱核心技术受制于人的需求，越来越迫切，只有科技这块'骨头'足够硬，我们才有机会站起来，与国际巨头平等对话。"以上企业家的表态与讲话，不正是紧扣"国家需要解决的时代问题"，以加强自主创新、突破核心技术、实现芯片强国的价值取向，展示出新时代中国企业应有的责任担当和文化自信吗？

第三，凝新时代中国企业文化自信之心，聚焦稳固企业文化首位的主体。人是企业文化最重要的主体、载体，也是新时代中国企业文化自信的承载者。毛泽东主席曾指出："世间一切事物中，人是第一个可宝贵的。在共产党领导下，只要有了人，什么人间奇迹也可以造出来。"说到底，新时代中国企业的文化自信就是企业人的文化自信，尤其是企业家的文化自信。新时代的中国企业及企业家必须要坚持以人为本、以文化人，企业家和企业领导人员要率先垂范、身体力行，自觉地做到尊重人、理解人、关心人、帮助人、成就人，以企业核心价值体系凝聚人心，不断提升企业员工的文化素养和技术素质，充分调动企业员工的积极性和主动性，充分发掘企业员工的潜力和创造力，把严格管理转化为员工的自我控制，把企业目标转化为员工的自觉行动，把员工的潜能发挥转化为企业的核心竞争力，把员工的自我价值实现转化为企业的价值创造，实现企业员工的主人翁意识和个人理想追求的升华，并成为企业文化自信的坚实的基础。

第四，聚新时代中国企业文化自信之力，筑牢稳固企业文化首位的基础支撑。企业文化终究要成为人的事业，新时代中国企业文化必然要成就新时代中国企业的宏伟事业！聚新时代中国企业文化自信之力，就是让新时代中国企业的文化自信体现出一种信念力、行为表现力、价值创造力、精神影响力、形象传播力，筑牢稳固企业文化首位的基础支撑，以高度的文化自信力，抢抓机遇、掌握先机、争取主动、赢得优势，快速抢占新一轮国际竞争的制高点，全面应对全球新一轮竞争的严峻挑战，着力推动新时代中国企业健康、快速地向前发展，为中国和世界人民做出有益的贡献。

第二章

生命之树常青

——新时代中国企业文化的本质内涵

伴随着企业文化理论的诞生，国内外关于企业文化的定义及本质内涵的解释非常多。

威廉·大内在《Z理论——美国如何迎接日本的挑战》一书中，认为“传统和气氛构成了一个公司的文化。同时，文化意味着一家公司的价值观，诸如进取、守成或是灵活——这些价值观构成了公司员工活动、意见和行为规范。管理人员身体力行，把些规范灌输给员工并代代相传”。

沃特曼和彼得斯在《成功之路》中，认为“企业将其基本信念、基本价值观灌输给他的职工，形成上下一致的企业文化，促使广大职工为自己的信仰而工作，就是产生强烈的使命感，激发最大的想象力和创造力”。他们把企业文化概括为“汲取传统文化精华，结合当代先进的管理思想与策略，为企业员工构建一套明确的价值观和行为规范，创设一个优良的环境气氛，以帮助整体地、静悄悄地进行经营管理活动”。

迪尔和肯尼迪在《公司文化》一书中对企业文化阐述得更为具体，认为企业文化由五个方面的要素组成：①企业环境是对企业文化的形成和发展具有关键影响的因素。②价值观是企业文化构成的核心因素。③英雄人物将企业价值观人格化，为员工提供了具体的楷模。④礼节和仪式，即企业的日常惯例和常规，向员工们表明了所期望他们的行为模式。⑤文化网络，即企业内部主要的“非正式”的联系手段，是企业价值观和英雄人物传奇的“运载媒介”。

IBM的公司总裁汤玛士·华生从本公司的实际经验出发，认为企业文化就是企业哲学，企业哲学最重要的概念就是对每个人的尊重。他说：“这是个简单的概念，然而在IBM，这个观念却占去了大部分管理时间，也是我们尤其应该贯彻的观念。”

中央纪委原书记、中国企业文化研究会首任理事长韩天石认为：“企业文化的实质是从过去管理上过分重视物，转变为重视人，重视职工的意识和观念。企业文化的主要方面是重视人的价值观，把它看作是企业成功的原动力，大大高于企业的其他要素。以人为本就是企业文化的本质。”

全国人大常委会原副委员长成思危认为：“企业文化是指企业员工所特有的集体精神面貌，它大体上包括音像（如企业内部的行话、企业标志、制服等）、楷模（例如企业创始人或关键技术发明人等）、仪式（如周年纪念会、庆功会、表彰会等）和价值四个层次。其中前三个层次都是企业文化的外在表现，而价值观则构成企业文化的核心。”

我国著名经济学家于光远认为企业文化有五个层次：①在企业领导人与一般职工中树立起一种适合于本企业利益的价值观，并且采取一系列的办法来激励企业全体成员的积极性，使他们爱本企业，为企业的繁荣与成功奋斗，从而提高管理水平，以达到取得良好效益的目的。②提高企业家的经营文化和管理文化水平。③提高企业一般职工的文化水平、文化素质，丰富职工的文化生活。④对企业外部社会文化事业的发展做出贡献。⑤企业领导人认真研究问题，提高自己参与宏观决策的意识。

中央政策研究室在《关于我国企业文化建设的研究报告摘要》中认为，企业文化包括企业在长期生产经营中形成的管理思想、管理方式、群体意识和行为规范。其出发点和归宿是尊重和坚持职工的主人翁地位，提高职工的思想道德素质和科学文化素质，从各个环节调动并合理配套有助于企业以经济建设为中心的全面发展的积极因素，形成合力，在企业实现社会主义物质文明和精神文明中求得进步。其中含“人”和“物”两方面的管理，以“人”的管理为主；“软”管理和“硬”管理兼备，以“软”管理为主。其中群体意识包括企业价值观、企业精神、心理态势等，行为规范指企业规章制度、道德规范、行为标准、习惯风俗等。是现代企业制度的有机组成部分。

……

当然，关于企业文化的定义及本质内涵的解析还有很多，这里就不一一列举了。但是，从以上关于企业文化的论述中不难看出，他们大都把企业文化的本质内涵解析为企业独特的文化传统、价值观念、信仰追求和行为规范等，注重以人为本、以文化人，实施文化管理。

历史在发展，时代在前进。从企业文化理论的提出到现在，国内外形势已经发生了深刻、复杂的变化。一方面，全球正在经历新一轮的大发展、大变革、大调整，世界多极化、经济全球化、社会信息化、文化多样化深入发展，全球治理体系和国际秩序变革加速推进，各国相互联系和依存日益加深，新一轮科技和产业革命给人类社会发展带来新的机遇，也提出前所未有的挑战。是开放还是封闭，是前进还是后退，人类面临着新的重大抉择。经济全球化已成为不可逆转的时代潮流。另一方面，我国社会的主要矛盾已经转化为人民日益增长的美好生活需要和不平衡、不充分的发展之间的矛盾。近代以来，久经磨难的中华民族迎来了从站起来、富起来到强起来的伟大飞跃，中国特色社会主义进入了新时代，开启了全面建设社会主义现代化国家新征程。

然而，面对新时代，我们是否已经清醒而深刻地认识到以下这些问题。

这是一个充满光明的时代，一切都在重新认识，一切都在重新觉醒，新时代中国企业文化需要新的定义！

这是一个无比伟大的时代，一切都在强烈震撼，一切都在激情豪迈，新时代中国企业文化需要新的本质内涵！

这是一个孕育胜利的时代，一切都在只争朝夕，一切都在时不我待，新时代中国企业文化的新定义、新本质内涵需要新的解析！

那么，我们应该如何定义新时代中国企业文化，并对其本质内涵进行概括总结和科学诠释呢？

定义新时代中国企业文化本质内涵的基本原则

第一，必须要以习近平新时代中国特色社会主义思想为指导，并将其思想精髓进行条理化、结构化和系统化架构，使之成为发掘新时代中国企业文化本质内涵的基础依据，对中国企业文化发展的历史经验和现实经验做理性升华，对中国企业文化的特点、规律和发展变化的趋势做出深刻揭示和科学预见。

第二，必须要以实现中华民族伟大复兴的中国梦为引领，以建设中国特色社会主义文化为核心，以践行社会主义核心价值观为支撑，以不断提升文化的价值引领力、智慧凝聚力和精神推动力为根本标准，深入到中国企业文化建设更深、更重要、更迫切的精神层面，立足中国企业文化建设的根本，坚持目标导向，不能让问题牵着鼻子走。

第三，必须要用科学的概念、观点和方法深入研究中国企业文化的概念与内涵、兴起与发展、本质与特征、结构与功能、主体与载体、设计与塑造、创新与发展，深入解析文化产生和发展的内在根源，深刻把握正确处理企业文化理论与其他理论的相互关系。

第四，必须要以博大的胸怀、谦逊的姿态，在定义新时代中国企业文化本质内涵的过程中，不断地学习进取，博采众长，汲取世界的先进理念和文明成果，容纳时代的风采和精华，善于挑战自我，勇于面对困难，敢于挑战未来，使中国企业文化永远处于不断创新和升华发展之中，保持鲜活的生命力。

定义新时代中国企业文化本质内涵的总体思路

目前，我国关于文化的概念有很多，以《国家“十三五”时期文化发展改革规划纲要》所表述顺序排列为例：文化、社会主义先进文化、社会主义文化、中华优秀传统文化、中华文化、先进文化、中国特色社会主义文化、优秀传统文化、精神文化、科学文化、公共文化、群众文化、中华民族文化、传统文化、乡贤文化、企业文化、宣传文化、城市文化、民族民间文化、中国文化、公益性文化等。实际上不仅这些，还应有革命文化、军队文化、乡村文化、安全文化、廉政文化……因此，定义新时代中国企业文化的本质内涵，有必要对当前一些文化的概念进行划分及定义，厘清这些文化之间的关系，以习近平新时代中国特色社会主义思想为指导，找出并汇集定义新时代中国企业文化本质内涵的文化源头。

一是关于文化的概念和定义。文化泛指世界和广义的文化，即人类在社会历史发展过程中所创造的物质财富和精神财富的总和。

二是关于中华文化的概念和定义。中华文化是世界文化历史最悠久、最重要的组成部分，泛指中华民族五千多年的历史所创造的物质财富和精神财富（包括宗教、信仰、风俗习惯、道德情操、学术思想、文学艺术、科学技术、各种制度等）的总和，涵盖了中华民族文化、优秀传统文化、民族民间文化等。

三是关于中国特色社会主义文化的概念和定义。习近平总书记在党的十九大报告中指出："中国特色社会主义文化，源自中华民族五千多年文明历史所孕育的中华优秀传统文化，熔铸于党领导人民在革命、建设、改革中创造的革命文化和社会主义先进文化，植根于中国特色社会主义伟大实践"。

四是关于中国特色社会主义职能文化的概念和定义。中国特色社会主义职能文化是中国特色社会主义文化的重要组成部分，是中国特色社会主义文化在社会主义建设各个职能领域的系统延伸、细化和塑造，如《国家"十三五"时期文化发展改革规划纲要》所指的精神文化、科学文化、公共文化、群众文化、传统文化、乡贤文化、企业文化、宣传文化、城市文化、公益性文化等。

为此，定义新时代中国企业文化的本质内涵，必须要做到"三个明确"：一是要明确中华优秀传统文化、革命文化和社会主义先进文化的内在联系及逻辑关系，作为定义新时代中国企业文化本质内涵的最深层次的文化源头；二是要明确各种文化概念，了解其内涵及相互间的作用和关系，进行科学的划分和定义，正确地应用和实践，避免随意性，防止相互矛盾；三是要明确新时代中国企业文化是中国特色社会主义文化的重要组成部分，属于中国特色社会主义文化的职能文化。

科学定义新时代中国企业文化本质内涵

新时代中国企业文化的本质内涵是：以习近平新时代中国特色社会主义思想为指导，以坚持党的领导和加强党的建设为主旨，以中华民族伟大复兴的中国梦为引领，以社会主义核心价值观为支撑，以中国特色社会主义文化为底蕴，在新时代、新征程、新作为中逐步形成的具有中国特色的企业文化观念、文化形式、文化行为、文化创造和文化分享；其核心是以奋斗者为本，以价值创新造福人类；彰显为新时代中国企业的灵魂、血脉和员工的精神家园，体现为新时代中国企业及其成员共同形成的向心力、凝聚力和创造力，表现为新时代中国企业的价值支撑、智力支持、精神支柱和动力源泉，突显为新时代中国企业价值追求活动的结果。

不难看出，新时代中国企业文化的本质内涵共分为四个部分。

第一，是新时代中国企业文化本质内涵的形成依据和基础。重点讲述了习近平新时代中国特色社会主义思想、坚持党的领导和加强党的建设、中华民族伟大复兴的中国梦、社会主义核心价值观和中国特色社会主义文化，是新时代中国企业文化本质内涵形成的根本依据，并以思想指导、党的领导、梦想引领、价值支撑、文化底蕴等五个作用关系，构建了一个相辅相成、互为支撑的“五维体系”，成为定义新时代中国企业文化本质内涵的重要基础。

第二，是新时代中国企业文化本质内涵的基本内容。重点讲述了在新时代、新征程、新作为中逐步形成的具有中国特色的企业文化观念、文化形式、文化行为、文化创造和文化分享，其中，**文化观念**泛指企业的价值理念、共同信仰、精神信念等；**文化形式**泛指企业的政策、制度、组织、物质生产手段、环境、形象等；**文化行为**泛指企业的行为规范、行为模式及各种形式的文化活动等；**文化创造**泛指企业的价值创新能力及所创造的物质财富和精神财富的总和；**文化分享**泛指企业与员工、客户、社会、股东及利益相关者的价值分配和利益分享。

“五位一体”的企业文化观念、文化形式、文化行为、文化创造和文化分享，是新时代中国企业文化本质内涵的重要内容，符合企业文化精神层面、制度层面、行为层面和物质层面等四层次结构原理，体现了企业文化主体载体、组织载体、制度载体和物质载体的要求。最重要的是创造性地增加了“文化创造和文化分享”的内容，更加突出企业文化的作用显现和成果分享，使企业文化的本质内涵形成了一个完整的理论架构和价值链条，弥补了过去企业文化理论方面的缺陷和不足，使企业文化的本质内涵更容易理解和把握，更具有实践性和可操作性。

第三，是新时代中国企业文化本质内涵的核心要素。重点讲述了新时代中国企业文化本质内涵的核心是“以奋斗者为本，以价值创新造福人类”。过去，我们讲以人为本，一般是指企业文化建设把尊重人、理解人、关心人、培养人、发展人、成就人作为企业文化建设的出发点和落脚点，尊重和坚持员工在企业文化建设当中的主体地位，调动和发挥员工的积极性、主动性和创造性。应该说，这种对以人为本的理解、诠释和定位，在国内外已经基本上形成一个共识，但在企业文化建设的具体实践中却有一定的局限性和不足。例如，以人为本之“人”的概念过于宽泛，缺少具体、准确的标准和定义；将以人为本之“人”只限于企业的基层员工，作为对企业基层员工的管理手段；为了以人为本而以人为本，忽略了以人为本的终极目标是在成就人的同时创造企业价值，提升企业的核心竞争力；将以人为本“标签化”“口号化”“形式化”“虚无化”等，根本就谈不上什么以人为本，等等。为此，特将“以奋斗者为本，以价值创新造福人类”作为新时代中国企业文化本质内涵的核心。

“以奋斗者为本”是基于习近平总书记在 2018 年春节团拜会上郑重宣布：“新时代是奋斗者的时代。”并依据他强调指出的：“奋斗本身就是一种幸福。只有奋斗的人生才称得上幸福的人生。奋斗是艰辛的，艰难困苦、玉汝于成，没有艰辛就不是真正的奋斗，我们要勇于在艰苦奋斗中净化灵魂、磨砺意志、坚定信念。奋斗是长期的，前人栽树、后人乘凉，伟大事业需要几代人、十几代人、几十代人持续奋斗。奋斗是曲折的，‘为有牺牲多壮志，敢教日月换新天’，要奋斗就会有牺牲，我们要始终发扬大无畏精神和无私奉献精神。奋斗者是精神最为富足的人，也是最懂得幸福、最享受幸福的人”。习近平总书记关于“新时代是奋斗者的时代”的庄严宣告，以及关于奋斗者的精彩论述，可以说是振聋发聩，让人耳目一新，使我们认识到新时代中国企业文化“以人为本”之人就是奋斗者之人，并通过对“以人为本”赋予新的概念——奋斗者，使“以人为本”之“人”真正成为说得出、看得见、摸得着、用得上并可以衡量的“人”，从而实现了对以往中国企业文化的内涵进行了实质性的提升。

“以价值创新造福人类”是基于习近平总书记在党的十九大报告中所指出的“中国人民愿同各国人民一道，推动人类命运共同体建设，共同创造人类的美好未来”的热切希望和要求，充分认识到“历史车轮滚滚向前，时代潮流浩浩荡荡。历史只会眷顾坚定者、奋进者、搏击者，而不会等待犹豫者、懈怠者、畏难者”。新时代是一个奋斗者的时代，也是一个长期奋斗的时代，更是“以价值创新造福人类”的时代。马克思曾说过：“历史承认那些为共同目标劳动因而自己变得高尚的人是伟大人物；经常赞美那些为大多数人带来幸福的人是最幸福的人”。我们深深地知道，中国人民的梦想同各国人民的梦想息息相通，世界的命运握在各国人民手中，人类前途系于各国人民的抉择。我们新时代的中国企业一定要勇于走在世界的前列，做世界和平的建设者、经济发展的担当者、人类幸福的贡献者。

第四，是新时代中国企业文化本质内涵的作用和功能。重点讲述了新时代中国企业文化本质内涵四个方面的作用和功能。

一是彰显为新时代中国企业的灵魂、血脉和员工的精神家园，深深熔铸在企业和员工共同的精神追求、思维方式和行动之中，是企业生存和发展永恒的精神支撑和力量源泉。

二是体现为新时代中国企业及其成员共同形成的向心力、凝聚力和创造力，使企业每个员工的意志交互作用而升华，成为具有明确价值指向的整体力量。

三是表现为新时代企业的价值支撑、智力支持、精神支柱和动力源泉，引领企业与时俱进地学习创新，大力提高员工的素质，积极适应环境变化，不断增强企业的核心竞争力。

四是突显为新时代中国企业价值追求活动的结果，体现出企业文化的本质力量，促进企业不断增强文化自觉、坚定文化自信、实现文化自强。

新时代中国企业文化是一个具有鲜明时代主题、丰富文化内容、深厚文化底蕴、极具传承创新的完整体系，而其本质内涵更是蕴含着丰富的思想精髓、文化底蕴、精神源泉，内含着解决当前中国企业文化建设中存在的问题与不足的根本方法，包含着具有创新性的理论品格和显著的实践性特征。

肩负着中华民族伟大复兴光荣使命的中国企业，面对新时代前所未有的新变革、新调整、新机遇、新挑战，明确和把握新时代中国企业文化的本质内涵，科学定位新时代中国企业文化建设的基本点，大力开展新时代中国企业的文化理论与实践创新，加速提升中国企业在全球的竞争能力，具有非常重要的历史意义和现实意义。

| 第三章 |

咬定青山不放松

——新时代中国企业文化的主要特征

众所周知，企业文化是一种独特的文化，它虽然具有一切文化都具有的精神性、社会性、集合性、独特性和一致性的特征，但不能简单地把企业文化看作是文化或社会文化的一部分，从纯文化的角度去认识企业文化，而是应该从更广阔的范围内去总结企业文化的发展成果，从更深的层次研究企业文化与其他文化的相互关系，在企业文化的实践过程中去探讨和把握企业文化的发展趋势和规律，正确认识和把握其特征。

从目前国内外企业文化研究和实践的情况来看，企业文化的特征可以概括为以下十个方面。

一是社会性特征。指每一个企业都处于社会之中，社会文化无时不对企业产生重要影响。社会的意识形态、价值观念、行为准则、文化心理、人际关系、道德规范等，无不影响着企业。

二是民族性特征。指在不同的民族文化氛围中，必然产生不同特点的企业文化。文化是民族的灵魂，是维系国家统一和民族团结的精神纽带。世界上每个成熟的民族都有属于自己的特有文化形态和文化个性，而这种特有的文化就成为民族亲和力和凝聚力的重要源泉。

三是融合性特征。一方面，是指文化具有普遍性，人类不断创造文化，同时也不断交流文化成果。不同地区、不同民族的企业文化都呈互相开放、互相交流、互相引进、互相吸取的发展趋势，通过融合不同的文化，以实现优势互补，合作双赢。另一方面，是指企业在进行兼并重组和战略扩张时都不可能在封闭的状态下进行，企业文化的融合首当其冲，文化的因素必然渗透在各个方面和各项活动中，并最终决定其成败。

四是人本性特征。其核心是以人为本，人是企业文化的主体，企业文化最重要、最直接的功能是对人的价值观、精神、道德等的引导和控制，要尊重人、关心人、帮助人、成就人，这是企业文化最重要的特征。

五是系统性特征。指企业文化是由相互联系、相互作用的诸要素组成的，是一个具有特定功能的整体。企业文化的系统结构决定了企业文化诸要素，如价值观、精神、道德、组织、行为、环境、形象、产品等在系统内的秩序，亦即诸要素相互联系、相互作用的内在方式。

六是独特性特征。指不同企业的企业文化虽然具有一般的共同性特征，但起作用和形成本企业特色的是其个性化特征。在当前的企业文化建设过程中，能否突出企业个性，反映企业特色，直接决定着企业文化建设的成败。

七是自觉性特征。指企业文化是在企业主体高度自觉的努力下形成的，是企业自觉的自我意识所构成的文化体系。有企业就有企业文化，但并不是什么人都能认识到企业文化的存在，还要经历一个由自在到自觉，由自觉到觉他的文化创新过程。

八是实践性特征。指企业文化本身就是认识活动与实践活动相互作用的产物。实践是企业文化形成的基础，对企业文化的发展起决定性作用。企业文化不同于一般的文化，不单纯是为了总结或研究，而在于指导实践、运用于实践，以实践作为检验企业文化的标准。经不起实践检验的企业文化就不是真正的企业文化。

九是传承性特征。指企业文化中体系的要素来源于历史的、长期稳定的东西，而这些如今仍在各种群体中起作用的东西就形成了企业文化的传统。企业文化的传承性特征是指企业文化传统的继承性。企业文化在成长过程中对内生文化的创新和外生文化的合理吸纳、积淀，合成为自己的文化传统。企业文化传统的形成一般是通过企业深层次的企业文化整合，包含企业核心文化的沉淀和积累。一般来说，企业文化传统的形成有一个较长的过程，一旦形成就会不断地延续下去。优良的企业文化传统具有传承性，不良的企业文化因素一旦形成传统也具有传承性。

十是创新性特征。指企业文化在发展的过程中，必须要消除消极的传统，否定落后的传统，肯定积极的传统，继承进步的传统，创造新的传统。企业文化必须适应企业的发展要求，不断地创新，正确地引导企业的思维方式、价值观念和行为方式，而绝不可因循守旧，抱残守缺，反对变革。从某种程度上讲，企业文化创新性的特征实质上是企业文化的生命特征，不能创新的企业文化是没有生命力的。

当前，迈进新时代、开启新征程的中国企业，应该站在历史和时代的新高度，紧紧把握住新时代的六个本质特征。

①紧紧把握住新时代是以习近平新时代中国特色社会主义思想为指导，开辟马克思主义新境界、中国特色社会主义新境界、党治国理政新境界、管党治党新境界，是思想新定标的时代。

②紧紧把握住新时代是进一步明确中国共产党的领导是中国特色社会主义最本质特征，是中国特色社会主义制度的最大优势，是最高政治领导力量，是制度新定性的时代。

③紧紧把握住新时代是承前启后、继往开来，要由总体实现小康到决胜全面建成小康、进而把我国建成富强民主文明和谐美丽的社会主义现代化强国，奋力实现中华民族伟大复兴中国梦，是目标新定位的时代。

④紧紧把握住新时代是坚持以人民为中心的发展思想，不断促进人的全面发展、全体人民共同富裕，着力解决我国社会的主要矛盾——人民日益增长的美好生活需要和不平衡、不充分的发展之间的矛盾，是行动新定轨的时代。

⑤紧紧把握住落实“五位一体”总体布局和“四个全面”战略布局，坚定“四个自信”，全面深化改革，完善和发展中国特色社会主义制度，建设社会主义法治国家，推进国家治理体系和治理能力现代化，是战略新定格的时代。

⑥紧紧把握住新时代是我国推动构建新型国际关系，推动构建人类命运共同体，走近世界舞台中央，不断为人类做出较大贡献，是历史新定局的时代。

毫无疑问，中国特色社会主义新时代的这六个鲜明特征，标志着习近平新时代中国特色社会主义思想是马克思主义中国化的最新成果，校正了党和国家前进的航向；标志着树立起了党中央集中统一领导的权威，真正体现出中国特色社会主义最本质的特征；标志着近代以来久经磨难的中华民族迎来了从站起来、富起来到强起来的伟大飞跃，迎来了实现中华民族伟大复兴的光明前景；标志着科学社会主义在21世纪的中国焕发出强大生机活力，在世界上高高举起了中国特色社会主义伟大旗帜；标志着中国特色社会主义道路、理论、制度、文化不断发展，拓展了发展中国家走向现代化的途径，给世界上那些既希望加快发展又希望保持自身独立性的国家和民族提供了全新选择，为解决人类问题贡献了中国智慧和中国方案。

总之，中国特色社会主义新时代的鲜明特征，是中国历史特征、中国文化特征、中华文明特征有机统一的时代展现；是中华优秀传统文化、革命文化、社会主义先进文化植根于中国特色社会主义伟大实践的历史结晶；是我们党始终坚持把马克思主义基本原理同中华传统文化精华相融合、与中国具体实际相结合不断创新实践的新境界。中国特色社会主义新时代的鲜明特征，已经深深地融入我国经济建设、政治建设、文化建设、社会建设、生态文明建设和科教兴国战略、人才强国战略、创新驱动发展战略、乡村振兴战略、区域协调发展战略、可持续发展战略、军民融合发展战略之中，也自然而然地融入中国企业之中，触动中国企业文化的“魂魄”，深刻地影响并改变着中国企业，成为新时代中国企业文化的主要特征。

思想性特征

习近平新时代中国特色社会主义思想是对马克思列宁主义、毛泽东思想、邓小平理论、“三个代表”重要思想、科学发展观的继承和发展，是马克思主义中国化的最新成果，是党和人民实践经验和集体智慧的结晶，是中国特色社会主义理论体系的重要组成部分，是一个主题鲜明、内容丰富、思想深邃、博大精深的完整的科学理论体系，是全党全国人民为实现中华民族伟大复兴而奋斗的行动指南。新时代的中国企业，应该认真学习贯彻落实习近平新时代中国特色社会主义思想，在新时代中国企业文化建设中，用习近平新时代中国特色社会主义思想中闪耀着的马克思主义真理的光芒，能开阔视野、拓宽思路、武装头脑、指导实践；用习近平新时代中国特色社会主义思想蕴含的丰富的治国理政经验和智慧，明方向、定方略、绘蓝图、带队伍；用习近平新时代中国特色社会主义思想包含的解决中国问题的根本方法，积极应对各种挑战，勇于克服困难，主动解决问题；用习近平新时代中国特色社会主义思想显著的理论品格和鲜明的人格特征，坚定信心、求真务实、奋发有为，开创新时代中国企业文化建设新局面。

先进性特征

习近平总书记在党的十九大报告中指出："中国特色社会主义最本质的特征是中国共产党领导，中国特色社会主义制度的最大优势是中国共产党领导，党是最高政治领导力量"，"党政军民学，东西南北中，党是领导一切的"。新时代的中国企业，不论是公有制企业，还是非公有制企业，都要在中国共产党领导下，正确认识和处理企业与党、国家、市场、人民之间的关系，正确理解和运用党的领导、市场配置人民主体协调形成的合力，正确看待和积极参加到党团结带领人民有效应对重大挑战、抵御重大风险、克服重大阻力、解决重大矛盾的队伍中去，用党的先进性锤炼企业文化的先进性，打造企业先进的生产力。一是坚持党的领导，以党的政治建设统领企业文化建设，树立正确的企业核心价值观；二是将党的先进性和纯洁性建设作为企业文化建设的主线，构建先进的企业文化理念体系、行为规范体系和形象识别体系；三是以党的理想信念宗旨为企业文化的根基，充分调动企业员工的积极性、主动性、创造性，挺起中国企业和企业家的精神脊梁；四是将党的政治领导力、思想引领力、群众组织力、社会号召力融入企业的文化力、生产力、核心竞争力之中，攻坚克难，久久为功。

崇高性特征

大道之行，天下为公。中华民族虽然历经坎坷、深受磨难，但始终不屈不挠、自强不息。新时代的中国企业文化一定要有"为天地立心，为生民立命，为往圣继绝学，为万世开太平"的思想境界和精神追求，登高望远，居安思危，永不僵化、永不停滞、永不懈怠，着力展示新时代中国企业文化的崇高性特征。一是紧紧围绕新时代我国社会主要矛盾是人民日益增长的美好生活需要和不平衡不充分的发展之间的矛盾，积极适应我国经济由高速增长转向高质量发展的新形势，以崇高的文化理念，推动企业的质量变革、效率变革、动力变革，不断增强企业的创新力和竞争力，更好地满足国家和人民在经济、政治、文化、社会、生态等方面日益增长的需要。二是紧紧围绕从

2020年到2035年基本实现社会主义现代化，从2035年到二十一世纪中叶把我国建成富强民主文明和谐美丽的社会主义现代化强国的宏伟目标，以崇高的文化追求，树立正确的历史观、民族观、国家观、文化观，保持定力，坚定自信，锐意进取，埋头苦干。三是紧紧围绕中国发挥负责任大国的作用，不断贡献中国的智慧和力量，推动人类命运共同体建设，共同创造人类美好未来的责任担当，以崇高的文化目标，积极参加“一带一路”建设，传承中华优秀的传统文化，继承革命文化，发展社会主义先进文化，强力构筑中国企业精神，充分体现中国企业力量，创造和奉献中国企业价值。

基础性特征

习近平总书记在党的十九大报告中指出：“思想建设是党的基础性建设。革命理想高于天。共产主义远大理想和中国特色社会主义共同理想，是中国共产党人的精神支柱和政治灵魂，也是保持党的团结统一的思想基础。”企业文化也有一个基础性建设问题。因为企业文化就其本质而言，是企业内在的一种价值力量，这种价值力量是以企业的核心价值体系特别是核心价值观为基础，由内向外、由虚向实、由理念变行动、由精神变物质，主导和支配着企业的方方面面，决定着企业的发展。可以说，企业的核心价值体系建设和价值观管理就是企业文化的基础性建设，也是企业文化的基础性特征。客观地讲，我们过去在企业文化的基础性特征研究和把握方面显得比较滞后，以至于习近平总书记提出“文化自信，是更基础、更广泛、更深厚的自信”，有许多人还不能够理解其中深奥的道理。我们开展新时代中国企业文化建设，必须要高度重视企业文化的基础性建设，研究和把握好其基础性特征。一是充分认识到社会主义核心价值观是当代中国精神的集中体现，凝结着全体人民共同的价值追求，也是企业文化体系构建的灵魂。二是要注重在企业文化建设中积极培育和践行社会主义核心价值观，并转化为企业和企业家的核心价值观，转化为企业员工内心深处的一种价值力量、情感力量和行为习惯，引领企业战略，主导企业经营，规范企业管理，推动企业发展。三是把社会主义核心价值观贯穿企业文化建设的始终，融入企业发展的各个方面，弘扬优秀企业家精神，弘扬劳模精神和工匠精神，培养知识型、技能型、创新型企业员工。四是以社会主义核心价值观为核心来构建企业的价值链，不断增强企业的向心力、凝聚力和创造力，将价值力转化为文化力，将文化力转化为生产力，将生产力转化为竞争力，将竞争力转化为中华民族复兴大任的担当力。

自信性特征

习近平总书记在党的十九大报告中指出："文化自信是一个国家、一个民族发展中更基本、更深沉、更持久的力量。"新时代中国企业文化必须是一个充满自信的文化。第一，新时代中国企业文化有源自中华民族五千多年文明历史所孕育的中华优秀传统文化，熔铸于党领导人民在革命、建设、改革中创造的革命文化和社会主义先进文化的底蕴，夯实了我们企业文化建设的根基，奠定了我们文化自信的强大底气。第二，新时代中国企业文化有"自强不息"的奋斗精神、"精忠报国"的爱国精神、"天下为公"的担当精神、"舍生取义"的牺牲精神、"革故鼎新"的创新精神、"扶危济困"的公德精神等优良文化传统，一直是中国企业奋发进取的精神动力，赋予了我们文化自信的铮铮骨气。第三，新时代中国企业文化有对其文化的生命力持有的坚定信仰和信心，有对自身文化价值的充分肯定和积极践行，敢于毫无畏惧地面对一切困难和挑战，能够坚定不移地开辟新天地、创造新奇迹，拥有了"自信人生二百年，会当水击三千里"的文化自信的勇气。第四，新时代中国企业文化有广阔的中国特色社会主义时代舞台，有无比深厚和强大的前进定力，具有决胜全面建成小康社会、夺取新时代中国特色社会主义伟大胜利、实现中华民族伟大复兴的中国梦、实现人民对美好生活的向往继续奋斗的文化自信的志气。

创造性特征

习近平总书记在党的十九大报告中指出："解放和发展社会生产力，是社会主义的本质要求。我们要激发全社会创造力和发展活力，努力实现更高质量、更有效率、更加公平、更可持续的发展”。众所周知，生产力是人类征服和改造自然的客观物质力量。管理大师德鲁克认为，生产力是利用资源创造财富的能力。企业文化作为维系企业生存和发展的内在动力，必然具有一种资源优化的价值创造能力，使企业用最少的投入带来最大的产出。新时代中国企业文化的创造性特征就是企业文化的价值创造能力的特征，主要体现在以下几个方面：一是坚持创新、协调、绿色、开放、共享的新发展理念，坚持企业与人、与自然、与社会和谐共生，坚持节约资源和保护环境，形成绿色生产与绿色发展方式的有机统一，坚定走生产发展与生态良好的文明发展道路。二是倡导创新文化，将创新作为企业发展的第一动力，瞄准世界科技前沿，对标世界一流企业，强化基础研究和前瞻性基础研究，突出关键共性技术、前沿引领技术、现代工程技术、颠覆性技术创新。三是加强人才文化建设，聚天下英才而用之，注重培养和造就企业所需的战略科技人才、科技领军人才、青年科技人才和高水平创新团队，为建设科技强国、质量强国、航天强国、网络强国、交通强国、数字中国、智慧社会提供有力支撑。四是要尊重世界文化的多样性，以文化交流超越文化隔阂，坚决执行中国对外开放的基本国策，积极参与和推动“一带一路”建设，努力打造国际合作新平台，增添与世界企业共同发展的新动力，在支持多边贸易体制、促进自由贸易区建设、推动建设开放型世界经济方面做出积极贡献。

第四章

为有源头活水来

——新时代中国企业文化的理论创新

习近平总书记在党的十九大报告中指出："世界每时每刻都在发生变化，中国也每时每刻都在发生变化，我们必须在理论上跟上时代，不断认识规律，不断推进理论创新、实践创新、制度创新、文化创新以及其他各方面创新。"我们深知，企业文化理论是企业文化实践发展的先导，开展新时代中国企业文化理论创新，创建新时代中国企业文化理论体系刻不容缓。

开展新时代中国企业文化理论创新，必须以习近平新时代中国特色社会主义思想为基准，以马克思主义中国化的最新成果和社会主义核心价值观为基本，以中华优秀传统文化、革命文化和社会主义先进文化为基础，将我国企业文化发展的历史和现实经验作理论性升华。

目前，作者在新时代中国企业文化理论创新方面进行了一些有益的尝试，供大家研究参考。

企业文化的"一致性定理"

所谓企业文化的"一致性定理"，是指企业文化建设的核心逻辑框架，即企业为保持内部价值观的一致性，必须以企业核心价值观为坐标，对其他相异的价值观念、态度和行为进行调整和规范，使员工与企业达到在心理上、行为上的一致与和谐，从而形成统一的文化观念、文化形式和行为方式的必然过程。企业文化的"一致性定理"表明和昭示了企业文化建设的核心诉求和必然路径，在企业文化理论与实践中经过了充分的证明。可以说，企业文化建设的过程，就是企业核心价值观一致性的过程。这个过程有三个阶段。

初级阶段——任何一个人到任何一个企业，如果与该企业的核心价值观格格不入的话，就很难在企业立足。保持员工与企业价值观的一致性，就是企业文化的"一致性定理"最初、最基本的作用，也就是"一致性定理"的初级阶段。

中级阶段——通过文化让企业和员工觉悟，使员工与企业、员工与员工之间同心同德、步调一致。这是企业文化“一致性定理”的中级阶段，表明企业文化建设已经取得明显成效，能够发挥出应有的作用。

高级阶段——企业与员工的价值观高度一致，达到了“不言而喻、不约而同、不令而行、不争而胜”的文化最高境界。其实，这正是我们所期待的真正的企业文化，也是企业文化的“一致性定理”的高级阶段。

当前，我们运用企业文化的“一致性定理”的意义，在于对新时代中国企业文化进行方向性思维解析，也就是按照企业一致性的价值追求方向开展的思维。企业统一的价值追求的方向性思维是由企业文化的社会性特征、民族性特征和创新性特征所决定的，不论是企业的价值理念、行为习惯，还是形象展示、个性特色，都会受到企业所在国家、社会和民族文化的影响，尤其是会受到国家和社会发展大趋势的影响，并且必须要顺应国家和社会的发展大趋势，将企业的小价值观顺应国家的大价值观，将企业发展的小思路顺应国家发展的大思路，从而透过纷繁复杂的现象把握国家和社会发展的价值趋势，为企业的科学发展提供强有力的价值指引和价值支撑。

当前，运用企业文化的“一致性定理”应注意做到以下三点。

首先，要以习近平新时代中国特色社会主义思想为指导，围绕实现社会主义现代化和中华民族伟大复兴的总任务，踏好在二十一世纪中叶建成富强民主文明和谐美丽的社会主义现代化强国的两步走步伐，紧紧抓住人民日益增长的美好生活需要和不平衡不充分的发展之间的矛盾，坚持以人民为中心，着眼于促进人的全面发展、全体人民共同富裕，对企业文化的本质内涵进行一次方向总校准，进一步增强企业文化的导向力，即顺应国家新时代发展的大趋势，以企业愿景为主导，用方向引领的力量，增强员工个人愿景与企业愿景的相容性，增强企业发展与国家发展的匹配性。

其次，将社会主义核心价值观与企业核心价值观进行价值链接，融化成企业文化的核心内涵，作为企业价值支撑的核心力量，表现在企业集体动机行为和员工个体动机行为对新时代国家发展目标所具有的信赖性、依从性乃至服从性上，并逐渐形成一种稳定的心理、态度和行为倾向。

再次，中国特色社会主义进入了新时代，按照新要求，进一步推进企业文化建设理论和实践创新，破除思维定式，打破企业惯用的、格式化的思考模式，将企业要素资源进行有效的内在变革，赋予企业资源以创造财富的新能力，从而提高其内在素质，驱动企业在市场上获得新的竞争优势。

企业文化的“三认循环定律”

企业文化的“三认循环定律”是指通过企业主体作用于客体的认识、认同、认知，再到新的认识、认同、认知这样多次的反复，最终形成企业文化，并在此基础上不断地创新与提升。我们知道，认识是主体收集客体知识的主动行为，是辨别、辨明、辨认或者承认、确认某人、某物、某事的意向，实质上是一种价值判断。认同，是指相同、赞同，具有亲近感或可归属的愿望，实质上是一种价值选择。认知，是通过概念、知觉、判断或想象等获取知识，经过头脑的加工处理，转换成内在的心理活动，进而支配人的行为的过程，实质上是一种价值实践和创造。

从国内外的企业文化实践来看，企业文化形成和发展的过程实际上是一种价值链运动，是企业价值博弈和主观、客观辩证统一的过程，是新的价值理念取代原来的价值理念、新的价值创造代替旧的价值创造的过程。可以说，企业文化形成和发展的过程就是企业主体对客体认识、认同和认知的循环往复的过程。其中，认识——价值判断，是企业文化形成与创新的前提；认同——价值选择，是企业文化形成与创新的关键；认知——价值实践，是企业文化形成与创新的重点；而企业文化的认识（价值判断）、认同（价值选择）、认知（价值实践）的循环往复和创新提升，自然就形成了企业文化的“三认循环定律”。

中国特色社会主义进入了新时代，中国的企业文化必然要循环上升到一种新的认识、认同和认知。那么，运用企业文化的“三认循环定律”，对于新时代中国企业文化建设具有哪些重要的价值作用和时代意义呢？

一是有利于企业文化内涵要素的不断更新，与时俱进地培育企业文化

的生成力。企业文化的生成力是指企业主体（尤其是企业领导者）主观与客观相统一、理念与行为相结合，而生成的价值判断、价值选择和价值实践。众所周知，企业主体作用于客体的价值判断、价值选择、价值实践，正是源自企业主体对客体的认识、认同、认知这三个核心要素。因此，有企业就有认识、认同和认知，有认识、认同、认知就会或早或晚地由自发到自觉地形成企业文化，而不同的认识、认同、认知生成不同的企业文化。

随着中国特色社会主义进入新时代，中国企业对新时代必然有新的认识、认同和认知，必然通过对新时代新的认识、认同和认知生成企业文化新的内涵要素。当然，中国企业对新时代的认识、认同、认知不是机械的、简单的，更不是自以为是和想当然地生成企业文化内涵的，而是有一个由浅至深、由表及里、由易到难的过程，其关键是在认识、认同、认知中形成正确的新时代中国企业的核心价值观，并以此核心价值观正确处理企业与客户、员工、社会、股东及相关利益者的关系，统一价值认识、形成价值共识、凝聚价值力量、实现价值创造、分享价值成果，然后，通过实践的检验不断循环往复地进行创新与提升。

二是有利于发掘企业文化内涵生成的“源头活水”，增强企业文化的创新力。企业文化的创新力是指企业在原来文化建设的基础上不断学习、探索、变革、发展的一种力量，其关键是企业文化理念的与时俱进。正如习近平总书记所指出的：“发展理念是发展行动的先导，是管全局、管根本、管方向、管长远的东西，是发展思路、发展方向、发展着力点的集中体现。”我们知道，知识是通过主体的主动认识行为产生的，是主体主动行为的结果。新时代中国企业文化的创新，实际上就是中国企业通过对新时代国内外各种信息及市场需求的认识、认知、认同，及时地将外界的信息重新组合构造出新的企业文化内涵，以新的理念和行为方式创造价值的活动过程。因此，新时代的中国企业一定要有强烈的创新精神，让思维活动和心理状态保持一种非凡的活力，双眼紧盯着日益深化、激烈的国内外市场的竞争环境，敢于突破僵化的思想和陈旧观念的束缚，通过认识新的特点和规律、认同新的趋势和方向、认知新的方式和方法，大胆进行企业文化创新，从而以新的文化理念构建新的价值和信念体系，引领企业实施新的发展战略，形成新的市场竞争优势。

三是有利于揭示企业文化的基因优化原理，培育强劲的企业文化的生命力。企业文化的生命力就是企业主体以新的认识、认同、认知适应未来的能力，直接决定着企业的生命活动周期和生存发展的能力。但是，大家是否知道是什么决定着企业文化的生命力呢？那就是企业文化生命力的基因。科学研究表明，生命是不断进化的，是一个能记载和表达信息、累计信息、保持信息和传递信息的信息系统，靠外界能量输入而保持其有序性的耗散结构，通过复制过程中的遗传变异来实现。以此类比，企业文化的生命力必须具有复制能力，能在复制过程中将遗传信息（它还具有变异能力）传递给后代，这是企业文化生命力最重要的特征。但是，新时代的中国企业文化要保持旺盛的生命力，在一代代地复制和变异遗传信息的基础上，必须使企业文化生命中的企业主体对新时代客体有一个正确的认识、认同、认知，不断地接受、加工外界输入的信息，编织出新时代中国企业文化的“基因组重复序列”，并以此实现企业文化生命力的物质循环、能量转换和新陈代谢，从而维持企业文化的生命活动和生存发展能力，呈现出一种欣欣向荣、蓬勃向上的发展状态。以美国管理专家、《管理大未来》的作者加里·哈默与张瑞敏的一段对话为例。加里·哈默问：“您认为现在对海尔来讲最重要的战略资产是什么？还有，五年以后，您认为最重要的战略资产是什么？”张瑞敏回答道：“适应力。就是说使得所有人都能习惯于变革，所有人都能够适应变革。”由此，张瑞敏还讲了一段经典的话：“没有成功的企业，只有时代的企业。即企业所谓的成功只不过是踏准了时代的节拍而已，但时代是瞬息万变的。我们是人，不是神，不可能永远都踏准时代节拍，而要跟上时代的变化，就要改变我们自己，以符合时代要求、自以为非的态度不断改变思维定式，改变策略，改变组织，直至跟上时代的潮流。”

从哲学意义上讲，主体是指对客体有认识和实践能力的人，是客体的存在意义的决定者。企业主体凡是符合客观和时代发展的认识、认同与认知，必然会不断增强企业文化的生成力、创新力、生命力，反之，则必然会影响乃至阻碍企业文化的创新发展。这也正是我们运用企业文化的“三认循环定律”的重要意义之所在。

企业文化的“四本原理”

企业文化的“四本原理”是指根据企业文化是企业价值博弈活动的结果的本质特征，概括为：企业文化的本源——价值主张；企业文化的本质——价值凝聚；企业文化的本能——价值创造；企业文化的本分——价值分享。

企业文化的“四本原理”形象地描绘了企业文化形成的“生命体征”。一方面，从企业文化的内在结构和要素相互关系上讲明价值主张是企业文化产生的本源，没有价值主张就没有企业文化；价值凝聚（共同的价值观和行为）是企业文化的内在要求和本质特征；价值创造是企业文化自身应有的行为及本能反应；价值分享是企业文化自有的名分，是必不可少的分内之事；“四本”之间相互联系、相互支撑、相辅相成。另一方面，从企业文化的“生命链条”及形成过程讲明企业文化发端于价值主张，初始于价值凝聚，形成于价值创造，终显于价值分享，是一个完整的价值链条，一环扣一环，缺一不可，任何一个环节发生问题，都不会成为文化。

我们知道，社会事物之间的相互作用在本质上就是价值作用，任何社会事物的运动与变化都是以一定的利益追求或价值追求为基本驱动力的。价值问题是任何社会科学都无法回避的问题。新时代中国企业文化关于文化主张、文化形式、文化行为、文化创造、文化分享的“五位一体”综合论述，以及“以奋斗者为本、以价值创新造福人类”的核心内涵，所依据的就是企业文化的“四本原理”。

值得注意的是，正确的价值主张产生强大的价值凝聚力和创造力，错误的价值主张则会失去价值共识，产生反作用力。价值主张、价值凝聚、价值创造的最终目的是价值分享，没有价值分享或是不公平的价值分享不会成为文化。

企业是社会发展的产物，是以盈利为目的，运用各种生产要素（土地、劳动力、资本、技术和企业家的才能等），向市场提供商品或服务，实行自主经营、自负盈亏、独立核算的具有法人资格的社会经济组织，本身就会自觉或不自觉地以价值主张、价值凝聚、价值创造、价值分享为假设前提开展价值博弈活动，并逐步形成一个价值自觉——企业文化自觉的过程。

为此，新时代中国企业有必要运用企业文化的“四本原理”创新企业文化建设。

一是基于企业文化的本源——价值主张，进一步明确新时代中国企业文化核心内涵的价值追求。企业是一个价值存在物，企业为达到某种价值目标而表现出的主观认识或愿望就是价值主张，其内容主要包括价值目标、价值取向、价值追求、价值标准等，并由此构成企业对市场、客户、社会、股东、员工等客观存在和关系的判断、做事原则和标准，从而成为该企业的企业文化核心内涵。正如我们平时所讲的一样：不同的企业有不同的价值主张，不同的价值主张会产生不同的企业文化。由此而论，中国的企业必须顺势而为，结合实际提出适合本企业的新时代价值主张，充分发掘新时代企业文化创新的本源，明确新时代企业文化核心内涵的价值追求——价值理念、价值标准、价值行为等。

二是基于企业文化的本质——价值凝聚，进一步形成新时代中国企业文化核心内涵的价值共识。企业是一个价值平台，企业文化就是在这个平台上以价值主张为主导，在不断地进行价值解构和重构过程中实现价值共识、价值凝聚的结果。这是企业文化本身所固有的根本属性，反映了企业文化的根本性质，是一个企业的企业文化区别于其他企业的企业文化的基本特质所在。为此，新时代的中国企业必须发挥企业文化的本质属性功能，以新时代的价值理念凝聚客户、员工、社会、股东的价值共识，实现企业与客户、员工、社会、股东等相互之间的价值链接。

三是基于企业文化的本能——价值创造，进一步聚焦新时代中国企业文化核心内涵的能力目标。企业是一个“有血有肉”的生命体，创造价值就是企业这个生命体的行为本能，而这种本能的基因就是企业文化，是企业文化所彰显的价值主张、价值评价、价值选择和价值追求使企业自然而然地形成的一种本能——价值创造。虽然从一般意义上讲，价值创造是指企业生产、供应满足目标客户需要的产品或服务的一系列业务活动及其成本结构，但如何评价价值、创造价值，将内在价值转化为外在价值、潜在价值转化为现实价值则是每一个企业的本能。基于企业文化核心内涵的能力目标，主要是指企业（企业家、员工）实现自身价值目标所不可或缺的核心知识和基本能力，以及获取、收集、处理、运用信息的能力、创新实践能力、终身学习能力等。因而，新时代的中国企业必须不断学习、探索、创新、前进，加速提升自身的能力建设，加快提高企业的文化本能创造水平。

四是基于企业文化的本分——价值分享，进一步体现新时代中国企业文化核心内涵的价值目标。价值目标一般是指人们对某种客观事物（包括人、事、物）的意义、重要性、值得获得性或者实用性的总评价和总看法，是价值创造、价值分享的基础。企业不仅是一个价值创造者，也是一个价值分配者。在价值主张、价值凝聚、价值创造的同时，企业必须要解决价值分享的问题，这就是企业文化的本分，是企业文化建设不可缺少的重要一环。新时代的中国企业文化应该是能够分享的文化，使企业的价值目标与员工的价值目标有机统一起来，让员工在创造价值的同时能够分享价值，使员工从内心深处真正相信企业的价值观，让员工看得见、摸得着企业的价值观。不能创造有益价值的文化不是真正的企业文化，不能实现价值分享的文化也不是真正的企业文化。

企业文化的“六层次逻辑思维”

企业文化的“六层次逻辑思维”，是立足于企业文化建设的实际，在深入总结企业文化理论与实践经验基础上的一个理论探索。我们知道，逻辑思维是人们在认识过程中借助概念、判断、推理等思维形式能动地反映客观现实的理性认识过程。企业文化就是以企业核心价值观为基点，通过逻辑思维和对企业文化本质规定的把握及起作用的规律的分析而形成的。从某种意义上讲，企业文化也可以说是企业文化实践中一种正确而稳定的“逻辑”，一旦违反这种了“逻辑”，文化就难以形成。

六层次逻辑思维也称 NLP（身心语言程序学）思维理解模型，是一种从上至下依次由愿景、身份（使命）、价值观、能力、行为和环境形成的六个层次的思维模式，可以广泛地解释个人、家庭、企业、组织、社会中存在的种种问题现象及产生的根源，并可在该思维模型中找到根本上的突破方向与解决的思路和技巧。

跨入新时代，企业文化越来越成为企业凝聚力和创造力的重要源泉，越来越成为企业竞争的重要因素，越来越成为企业科学发展的重要支撑。因而，开展新时代中国企业文化理论创新，厘清企业文化内涵转换为企业凝聚力、竞争力和创造力的逻辑程序，非常需要运用企业文化的“六层次”逻辑性思维。

第一层次逻辑性思维——愿景。愿景是企业对未来前景和发展方向的高度概括和描述，其本质是将企业的存在价值提升到极限。面对新时代、新机遇、新挑战，企业首先应该在愿景层面进行反思和思考，围绕新时代企业文化的内涵和要求，对原来的企业愿景进行修改或丰富其内涵，实现企业在新时代对未来发展方向的一种新期望、新预测、新定位。

第二层次逻辑性思维——使命。使命是指企业在社会经济发展中所应担当的角色和责任，是指企业的根本性质和存在的理由。当企业愿景明确以后，企业必须根据未来的发展需要对自己的“身份”进行科学、正确的定位。不论是公有制企业、非公有制企业，还是混合所有制企业，都不能因主体身份的不同，质疑、模糊或忘却一个中国企业新时代的使命担当，而是应该以中国梦为统领，科学规划企业的愿景，进一步明确企业存在的目的和理由，以及作为中国企业必须承担的新时代责任或义务——以价值创新造福人类。

第三层次逻辑性思维——价值观。价值观是企业在追求经营成功过程中所推崇的基本信念，是企业全体或多数员工一致赞同的关于企业意义的终极判断。从某种意义上讲，中国特色社会主义新时代必然要求中国企业进行价值解构与重构，在新的企业愿景和使命定位的基础上，确立与此相适应的价值取向、价值追求和价值目标，并以此形成企业新的价值尺度、价值准则和价值评价标准，实现企业新的价值重构。

第四层次逻辑性思维——能力。能力是指企业配置资源，发挥其生产和竞争作用的综合素质，是企业发展所具备的条件和水平。受企业愿景、使命、价值观的影响，在明确了企业的愿景、使命和价值观之后，如何提升企业与之要求相匹配的能力就成为关键问题。每一个企业整合有形资源、无形资源和组织资源的能力有所不同，但只有那些能直接影响企业愿景、使命和价值观实现效率的科技创新、产品开发、市场营销、质量安全、组织管理等才是能力。我们必须看到，在新时代，不论是增强国有经济的活力、控制力、影响力，还是激发非公有制经济的活力和创造力，实质上就是提升企业的能力。

第五层次逻辑性思维——行为。行为是指企业为了实现一定的目标而采取的对策和行动，包括生产行为、分配行为、金融行为、企业重组与并购行为和企业创新行为等。企业行为受市场环境、所有制结构、企业规模、政府行为等影响，但最根本的是由企业的愿景、使命、价值观和能力所决定的，是企业在愿景、使命、价值观和能力的综合作用下形成的价值创造行为。需要特别指出的是，新时代中国企业一定要高度重视企业家在企业行为中的特殊的“角色丛”——思想家、设计师、牧师、艺术家、法官和朋友，使企业家真正成为企业行为的设计者和引领者。

第六层次逻辑性思维——环境。环境是指企业由一些相互依存、相互制约、不断变化的各种因素组成的一个系统，是影响企业管理决策和生产经营活动的现实各因素的集合。对不同的企业来说，环境的内容是不同的。但是，我们必须看到，企业的愿景、使命、价值观、能力、行为对企业环境（包括大环境和小环境、组织环境和个人环境等）的影响是由上而下的，是起决定性作用的，而企业环境系统则是从各个方面反作用于企业的行为、能力、价值观、使命、愿景，其效应是由下而上的，是起影响性作用的。企业不能被动地去适应环境，而要在愿景、使命、价值观的影响下，通过自己的能力和行为来努力改变环境。

近年来，世界汽车行业的造假事件层出不穷，轰动全球的案例也很多，甚至“日本制造”“德国制造”竟然也赫然在列——大众汽车美国排放造假、三菱汽车油耗造假、日本高田气囊造假、神户制钢数据造假、日产斯巴鲁质检造假、宝马排放作假等。马克思曾说：“有 50% 的利润，它就铤而走险；为了 100% 的利润，它就敢践踏一切人间法律。”事实证明，不论什么样的企业，如果一味逐利，再好的企业文化也会走样，如果“唯利是图”，再优秀的企业也会颓败。这相继发生的一系列造假丑闻，不但捅破了德国制造、日本制造的高、精、尖的品牌神话，也让两国享誉世界的“企业家精神、工匠精神”黯然失色。我们如果用企业文化的“六层次逻辑思维”对其进行解析，就会发现，所有这些造假的德国和日本的企业问题就发生在“六层次逻辑思维”的第三个层次——价值观上，扭曲的价值观进而导致了第四个层次——优秀的制造能力走向反面，又影响到第五个层次——错误的行为，最终错误的行为破坏了第六个层次——环境。

| 第五章 |

危者使平

——新时代中国企业文化的战略校准

“危者使平”出自《易经·系辞下传》第十一章：“危者使平，易者使倾，其道甚大，百物不废。惧以终始，其要无咎，此之谓易之道也。”这段话的意思是说：如果有忧患意识、时刻保持警惕，能够使危难深重者平安；如果把事情看得太简单、太容易，麻痹大意、放松警惕，就可能会倾覆灭亡；这样的道理内涵非常深广，万事百物都不偏废。对未来发展自始至终保持警惧忧患的心态，并以言行毫无过错为要旨，这就叫作《易》的道理。

迈入新时代的中国企业，一定要有危机意识和忧患意识，始终保持高度警惕，谨防走入误区，紧紧抓住热点和难点问题，理清各种关系，对新时代中国企业文化建设进行战略校准。

明晰“十大”误区

所谓误区，通常指在较长时间内形成的某种错误认识或做法。主要是指因为在认识上或理解上有误，不能够全面地去观察事物，不能科学地认识和把握事物的特点和规律，导致偏离正确的方向，甚至在没有充分理解的情况下就做出错误的判断和行动。这里专指在国内企业文化建设中普遍存在的一些错误的认识和做法。

当前，建设新时代中国企业文化，需要明晰“十大”误区。

一是“灵魂在外”，这是对企业文化定位上的误区。众所周知，企业文化是企业的灵魂。但我们现在经常会听到企业文化要融入战略、融入管理等类似的说法，甚至有的企业还总结出企业文化融入战略、融入管理的经验和案例，完全颠倒了企业文化与企业战略、企业管理的关系，将企业文化视作一项孤立的工作，仅仅是与其他工作配合而已。我们不禁要问，既然企业文化是企业的灵魂，是具有决定性作用的因素，主导着企业的方方面面，那什么时候灵魂就在“体外”呢？

二是“名不副实”，这是对企业文化本质内涵把握上的误区。我们在很多企业的年终总结或职代会报告里，发现了一个非常普遍的现象，那就是企业文化方面的内容在报告里所占的比重微乎其微，有的一笔带过，有的甚至提都不提。有的虽然讲了企业文化，或是蜻蜓点水，或是将企业文化放在企业党的建设的宣传部分的内容里，多是一些宣传教育、文化活动之类的事。很遗憾，这就是当前很多企业文化建设的一个真实的现状——名不副实。

三是“李代桃僵”，这是对企业文化与党建、思想政治工作关系认识上的误区。大家都非常熟悉“李代桃僵”这个成语，原意为李树代替桃树而死，比喻兄弟互相爱护、互相帮助，后转用来比喻以此代彼或代人受过。这里借用“李代桃僵”这个成语，是指当前许多企业用党建、思想政治工作和文化活动代替企业文化，或是把企业文化等同于党建、思想政治工作和文化活动。之所以会发生这种情况，一方面是因为对企业文化的认识、理解不到位，没有把握企业文化的本质内涵和特点、规律；另一方面是因为企业文化多由企业党委（宣传）工作部门负责，以部门职能工作想当然地进行划分，完全混淆了企业文化与党建、思想政治工作和文化活动的关系，严重影响了企业文化建设的顺利开展。

四是“异想天开”，这是对企业文化作用功能认识上的误区。这里主要是指一些企业家和企业领导把企业文化作为管理员工的工具，对人不对己、对下不对上，“以其昏昏，使人昭昭”。一是他们不清楚作为企业家和企业领导在企业文化建设中处于第一主体的地位，起着至关重要的作用；二是他们不了解企业文化是由企业家或企业领导倡导的，并获得员工积极响应、认同、践行的结果；三是他们不知道企业文化是企业家和企业领导身体力行、率先垂范，自上而下逐步形成的过程；四是他们不懂得企业家和企业领导的文化素养和崇高精神境界是企业文化成败的关键所在；五是他们不明白一个企业的企业文化就是企业家和企业领导的一面镜子，有什么样的企业家和企业领导就会有什么样的企业文化，与其用企业文化管理员工不如先用文化武装自己。

五是“江郎才尽”，这是对企业文化内容与形式关系上的误区。早在十多年前，就有朋友问我：“去年我们做‘6S’，今年搞学习型组织，明年的企业文化该做什么呢？”当时我就笑着回答：“不是企业文化该做什么，而是企业文化该怎么做。”如今，许多企业仍然存在着一些这样的问题，在企业文化建设上偏重于形式，有的把企业文化等同于CI系统，做完企业文化的理念体系、行为规范体系和形象识别体系，就不知道下一步该做什么了；有的着重编写《企业文化手册》，以为有了《企业文化手册》就有了企业文化；有的给企业文化冠个响亮的名字，好像有什么样的名字就有什么样的企业文化；有的按部就班地定规划、建组织、发文件、提要求，至于结果如何却无法考量，等等，在这里就不一一列举了。我们都应该知道，内容是构成事物的一切内在要素的总和，形式是事物内在要素的结构或表现方式。内容决定形式，形式服务并反作用于内容。企业文化的形成是一个漫长的过程，需要一定的形式表现，但一定要清楚是企业文化的内容决定着企业文化的特性、成分、运动过程和发展趋势。一些企业在企业文化建设上之所以“江郎才尽”，其实就是没有处理好企业文化建设内容与形式的关系，偏重于形式和表面上的东西，严重忽略了对内容的要求和实现。

六是“自相矛盾”，这是对企业文化形成的关键因素上的误区。“换领导就换文化”，可以说是对企业文化工作者的一个长期困扰，特别是在国有企业表现得更为突出。许多企业文化界的朋友们每每说起此事，都显得非常无奈、不知所措。其实不然，这也是企业文化方面存在的一个误区，而且是一个“自相矛盾”的误区。我们知道，企业文化从某种意义上讲就是企业家文化，是企业家的创新精神和非凡才能推动着企业文化的发展。国有企业更换领导，其新领导必然要以自己的阅历和经验、理想、价值观、行为风格等融合成企业的新思想、新观念、新思维和新的价值取向，并为广大员工所认可和遵守，以倡导和培植新的企业文化。由此说来，“换领导就换文化”是一种正常现象，也可以说是企业文化建设的一个规律，关键是我们的企业文化工作者如何适应新的领导，将新领导的文化理念迅速地进行制度性转化，变为员工自觉的行动，而不必拘泥于形式上的一些东西。

七是“花拳绣腿”，这是对企业文化功能特征把握上的误区。我们知道，向心力、凝聚力、创造力是企业文化的核心功能特征。遗憾的是，现在有许多企业仍然不知道该如何实现和应用企业文化的核心功能，把精力放在编书籍、建橱窗、贴标语、喊口号、搞活动上面，有的还热衷于电视有影、电台有声、报纸有名等，把企业文化建设等同于文化宣传、文体活动，下表面功夫、做表面文章，使企业文化只能是喊在嘴上、写在纸上、贴在墙上、飘在空中，难以“落地生根”，成为一种点缀与装潢，变成了“花拳绣腿”“银样镴枪头”。

八是“锦上添花”，这是对企业文化基本认识上的误区。此论认为企业文化助强不助弱，只能“锦上添花”，不能“雪中送炭”；只能是大企业、好企业、强企业才能搞企业文化，而小企业、差企业、弱企业不能搞企业文化。当企业经营顺利的时候，企业文化可以发挥很好的作用，被描绘成“优秀的”“强有力”的。但当企业经营亏损的时候，企业文化就似乎不起作用了，又被说成是“落后的”“软弱无力的”。其实，此论所说的并不是真正的企业文化。这是因为有企业就有企业文化，不同的企业有不同的企业文化，而不同的企业文化造就不同的企业。

九是“一蹴而就”，这是对企业文化形成过程认识上的误区。这是典型的企业文化“速成论”。一个企业的文化形成是需要一个较长过程的，需要时间的沉淀和积累，一旦形成就会不断地延续下去。但是，随着时间的推移，社会和企业不断发展，企业文化建设的内容和形式也会随着不断地发生改变，但仍需要一个过程，切不可操之过急，更不可能一蹴而就。如果认为只要是提出几个理念、提炼几种精神、列出几条宗旨、规定几种行为、总结几条经验等就能形成企业文化了，那就大错特错了。这种自欺欺人，把企业文化表面化、简单化的做法，不仅不能达到“速成”的目的，还会事与愿违。

十是“标新立异”，这是对企业文化个性认识上的误区。我们在平时的工作中，经常会遇到许多企业极力想突出自己的文化个性，并为此煞费苦心的情况。有的要突出企业的文化特色，给自己的企业文化起一个独特的名字；有的想与众不同，盲目追求形式上的独一无二；有的以“先有儿子，后有老子”为名，与上级（集团）企业在企业文化上分“你、我、他”；有的基层企业把集团的企业文化理念说成是集团的，把上级公司的企业文化理念说成是公司的，然后自己又制订了一套企业文化理念，等等。不可否认，企业文化实际上是有个性的，给企业文化冠名也无可厚非。但是，企业的文化个性是企业核心价值体系的本质体现，而不是形式上的“标新立异”；企业文化冠名是“画龙点睛”，而不是“画蛇添足”；基层企业与上级（集团）企业的企业文化必须是本质化统一，在本质化统一的基础上追求个性化发展，而不是与上级（集团）企业的企业文化断然割裂。

聚焦“十大”热点

所谓热点，通常指某一时期比较受人们关注的新闻、信息、引人注目的地方或问题等。如“经济热点”“社会热点”“军事热点”等。这里专指在国内企业文化建设中一些广受关注、聚焦率高、影响因素大的要素和问题。

当前，建设新时代中国企业文化需要聚焦“十大”热点。

第一大热点：新时代企业文化创新。中国特色社会主义进入新时代，更显得企业文化创新的重要性和紧迫性，中国的企业应顺势而为，在六个方面加快企业文化创新：一是以习近平新时代中国特色社会主义思想为指导，加快认识上的创新；二是着眼迈进新时代、开启新征程、续写新篇章的现实需要，加快内涵上的创新；三是突破以往企业文化建设 MI（理念识别系统）、BI（行为识别系统）、VI（视觉识别系统）的局限性，加快形式上的创新；四是围绕新时代、新思想、新矛盾，变问题导向为目标导向，加快思路上的创新；五是从企业文化建设的特点和规律出发，大胆运用现代科技、工具和手段，加快方法上的创新；六是从企业文化的特征、结构、载体和功能四个方面切入，加快路径上的创新。

第二大热点：文化自信。文化自信是习近平总书记提出的一个时代课题，传递出他特有的文化理念和文化观。但有的企业在文化自信方面还存在四个方面的局限性问题。一是企业文化认识上的局限性，一些企业特别是企业领导对企业文化重要性的认识还没有到位，缺少文化自信的前提；二是企业文化定位上的局限性，一些企业没有把企业文化作为企业的“灵魂”，缺少文化自信的内核；三是企业文化根基上的局限性，一些企业的企业文化建设水平不高、能力不强、效果不好，缺少文化自信的基础；四是企业文化创新上的局限性，难以突破自我，创新动力不足，缺少文化自信的底气。

第三大热点：企业文化力。所谓企业文化力就是企业文化的力量。实际上，自提出企业文化的概念以来，不论是企业界还是理论界，关于企业文化力的研究探索和实践一直是热点，而随着习近平总书记提出文化自信和中国特色社会主义进入新时代，使我们更加认识到企业文化力是企业发展的源动力，是一种灵魂的力量。中国企业要做强、做大、做优，企业文化力起着先导作用。为此，我们根据企业文化生成的结构性原理，从四个方面培育企业文化力。一是要坚持以人为本、以文化人，培育以人为主体所蕴含的精神力；二是以文化制，将企业的信仰、理念、道德、价值观等转化为企业的各项规章制度，培育企业特有的制度力；三是以文化行，理念与行为相统一，培育企业员工知行合一的行动力；四是以文化物，将企业的价值理念外化于持续生存和稳定发展的物质基础，培育企业的物质力。

第四大热点：激发和保护企业家精神。“激发和保护企业家精神”是习近平总书记在党的十九大报告中提出的，是赋予中国企业文化的一项重要任务。我们知道，企业家是经济活动的重要主体，企业文化从某种意义上讲就是企业家文化。企业家精神可以说是企业文化热点中的热点，中共中央国务院还专门下发了《关于营造企业家健康成长环境　弘扬优秀企业家精神更好发挥企业家作用的意见》，要求“着力营造依法保护企业家合法权益的法治环境、促进企业家公平竞争诚信经营的市场环境、尊重和激励企业家干事创业的社会氛围，引导企业家爱国敬业、遵纪守法、创业创新、服务社会，调动广大企业家的积极性、主动性、创造性，发挥企业家的作用，为促进经济持续健康发展和社会和谐稳定、实现全面建成小康社会奋斗目标和中华民族伟大复兴的中国梦作出更大贡献”。但是，对于企业特别是企业文化来讲，应该如何“激发和保护企业家精神”呢？第一，要加强国有企业党的建设，逐步建立健全非公有制企业党建工作机制，将党对企业家的教育培养，转化为企业家的企业文化新思维、新思想、新理念；第二，要建立和完善有利于激发和保护企业家精神的体制机制，积极倡导和发挥党员企业家的先锋模范作用，并转化为企业文化的价值倡导和身体力行；第三，加强对优秀企业家先进事迹和突出贡献的宣传报道，将优秀企业家精神转化为企业的强大精神动力；第四，支持和鼓励企业家树立崇高的理想和信念，自觉依法合规经营，把企业家的个人理想转化为企业未来发展的宏伟目标。

第五大热点：弘扬劳模精神和工匠精神。弘扬劳模精神一直是我国企业的一个优良传统，而随着从中国制造到中国创造、中华民族工匠精神的薪火相传，特别是习近平总书记在党的十九大报告中提出要“建设知识型、技能型、创新型劳动者大军，弘扬劳模精神和工匠精神，营造劳动光荣的社会风尚和精益求精的敬业风气”，弘扬劳模精神和工匠精神的热潮可以说是此起彼伏。那么，我们在企业文化建设中应该如何弘扬劳模精神和工匠精神呢？一是要清楚地认识到劳模精神是工人阶级先进性的集中体现，工匠精神是劳模精神的重要构成要素及当代品格的核心体现，正确处理好劳模精神与工匠精神的关系；二是在企业文化的体系构建中，要把培养和弘扬劳模精神和工匠精神作为一个主要内容，设立本企业的劳模和工匠的理念精神，并以此制订出全体员工学习和遵守的行为规范；三是大力弘扬爱岗敬业、争创一流，艰苦奋斗、勇于创新，淡泊名利、甘于奉献的劳模精神和精益求精、追求完美、挑战极限、追求卓越的工匠精神，加强劳模精神和工匠精神对员工的情感浸透和角色融入；四是要注意激励和保护劳模、优秀工匠，注意对他们进行持续的教育培养和提供相应的物质保障条件，助力他们继续进步成长。

第六大热点：混合所有制经济企业文化建设。混合所有制经济企业文化建设是一个新的热点。习近平总书记在党的十九大报告中指出：“深化国有企业改革，发展混合所有制经济，培育具有全球竞争力的世界一流企业。”发展混合所有制经济，必须要先发展混合所有制经济文化，没有混合所有制经济文化，就没有混合所有制经济的发展。我们知道，混合所有制经济是指财产权分属于不同性质所有者的经济形式。从宏观层次来讲，混合所有制经济是指一个国家或地区所有制结构的非单一性，即在所有制结构中，既有国有、集体等公有制经济，也有个体、私营、外资等非公有制经济，还包括拥有国有和集体成分的合资、合作经济。我们这里讲的是作为微观层次的混合所有制经济，即不同所有制性质的投资主体共同出资组建的企业，以及这些企业的企业文化建设。开展混合所有制经济企业文化建设，关键是“混合”二字，要做到五个“混合”。一是从企业文化的本质内涵上“混合”。重点是以习近平新时代中国特色社会主义思想为指导，围绕资产保值、增值，对原企业各自的企业文化本质内涵进行“混合”组合，重新确立企业的核心价值观和价值支撑、智力支持和精神支柱体系，主导企业生产管理、经营管理和以资本运营为核心的资本管理。二是从企业文化的特征上“混合”。重点是对原企业各自的企业文化特征进行“混合”提炼，赋予中国特色社会主义新时代的内涵和要求。三是从企业文化的结构上“混合”。重点是运用企业文化的结构原理，对原企业各自的企业文化结构由内向外地进行“混合”，重新构建新的、统一的企业文化的精神层面、制度层面、行为层面和物质层面。四是从企业文化的载体上“混合”。重点是对原企业各自的企业文化载体进行“混合”，择优选取，对企业文化的主体载体、组织载体、制度载体、物质载体进行创新优化。五是从企业文化的功能上“混合”。重点是对原企业各自的企业文化功能进行“混合”，着力突出企业文化的导向功能、凝聚功能、激励功能、创新功能等功能的打造，以文化力构建企业的核心竞争力。

第七大热点：企业职能文化建设。企业职能文化建设是企业文化建设中的主要内容，是企业文化的理念体系、行为规范体系、形象识别体系在企业各项职能工作实践中的具体应用，是企业文化落地的重要载体和渠道。企业职能文化建设成为企业文化的热点是其必然所在。因为企业职能文化是以企业各项业务职能作为载体开展的企业文化建设，是企业文化理念体系、行为规范体系、形象识别体系在企业各项业务工作领域的系统延伸、细化塑造和价值呈现，只有通过企业职能文化才能实现企业文化的“落地”。一般来讲，企业职能文化建设主要有生产文化、经营文化、管理文化、成本文化、团队文化等文化建设。但从目前全国职能文化建设的实际情况来看，企业的安全文化建设、质量文化建设、创新文化建设、品牌文化建设、廉洁文化建设等热度更高一些。新时代开展企业职能文化建设要注意以下几点。

一是要正确认识到职能文化建设是企业文化建设的重要组成部分，是部分与整体的关系，应以企业文化的核心理念为主导，以职能理念为核心支撑开展职能文化建设。二是要明确职能文化建设是由企业文化建设领导机构统一安排部署，由企业业务职能分管领导牵头、机关业务职能部门负责具体实施。三是要注意研究和把握企业文化建设的一般规律和职能文化建设的特殊规律，切忌另搞一套、形式主义、摆花架子。四是要高度重视职能文化建设的顶层谋划，紧密结合业务职能的需要和要求，统一策划和实施，讲求实效、勇于创新、突出重点、彰显特色。

第八大热点：班组文化建设。班组文化建设是企业文化建设的“桥头堡”，是劳模精神和工匠精神的前沿阵地，是各项职能文化建设的“终端”，是企业员工的第一精神家园。可以说，班组文化建设一直是企业文化建设的热点。开展班组文化建设要注意以下几点。一是要注意企业文化的层级变压，不能把企业文化的内容让班组“囫囵吞枣”式地接受，也不能逼着员工背诵理念和口号，而是要将企业文化整个体系的内涵化为班组的任务和岗位职责，落实在员工的行动上。二是要注意培养和选拔班组长，加强对班组长的学习训练，不断提升班组长的素质和能力。三是加强对班组文化建设的指导帮助，重点是通过落实企业的各项规章制度落实企业文化，切忌再在班组搞一套企业文化的理念、口号等。四是研究班组开展企业文化的特点和规律，制订班组开展企业文化建设的措施和要求，创新班组开展企业文化的方式方法，循序渐进，不断提升班组企业文化建设的水平。

第九大热点：与世界一流企业文化对标。党的十九大报告第一次提出“培育具有全球竞争力的世界一流企业”，为中国企业全面深化改革、全力创新发展提出了新的目标和要求。“培育具有全球竞争力的世界一流企业”必须要有一流的企业文化的底蕴和滋养，必须要有一流的企业文化作为企业生存和发展的源动力，必须要有一流的企业文化作为区别一般企业的最根本的标志。可以说，没有世界一流的企业文化就没有一流的世界企业。这就是与世界一流的企业文化对标成为热点的原因。因此，我们要深刻地认识到，建设世界一流企业的企业文化势在必行，必当以责无旁贷、时不我待、只争朝夕的精神，开启落实党的十九大报告提出“培育具有全球竞争力的世界一流企业”的新征程。一是要深入了解世界一流企业的企业文化的本质内涵、特征、结构、功能和载体，深刻解析世界一流企业的企业文化产生和发展的内在根源，深深把握世界一流企业的企业文化的建设特点和规律。二是要以建设世界一流企业为指向，紧密结合世界多极化、经济全球化、文化多样化、社会信息化的发展趋势，从国际产业发展和先进企业文化建设的实际出发，运用企业文化建设的一般规律和方法，广开思路，博采众长，科学定位，深入研究，系统构思，精心策划，注重质量，勇于创新。三是深入研究企业文化在世界一流企业的成功发展中所具有的特殊地位、重要作用和表现形式，充分了解世界一流企业的企业文化与企业战略、生产经营、管理的内在联系及辩证统一，勇于克服困难，大胆创新，构建全球一套世界一流企业的企业文化指数和指标体系，绘制新时代建设世界一流企业的企业文化建设的顶层设计和路线图。

第十大热点：企业非物质文化遗产保护和申遗。大家知道，非物质文化遗产指被各群体、团体或有时为个人视为其文化遗产的各种实践、表演、表现形式、知识和技能及有关的工具、实物、工艺品和文化场所。因而，企业的非物质文化遗产是国家非物质文化遗产的重要组成部分。当前，企业非物质文化遗产的保护和申遗已成为一个具有新时代特征的新热点。中国有许多大家耳熟能详的百年以上的企业，例如，创造无数"中国第一"的百年老店招商局、国有企业的鼻祖重庆长安、中国产业工人的摇篮江南造船厂、同修仁德成正果的同仁堂、中国钢铁工业的摇篮大冶钢厂、中国最大的洗精煤基地开滦矿务局、中国最老的机务段唐山机务段、领军中国啤酒业的青岛啤酒、名扬四海的第一楼全聚德等，这些企业都保留有或多或少的非物质文化遗产，也是这些企业的传统文化表现形式，非常具有中华民族的文化个性和特征。但遗憾的是，目前中国企业在非物质文化遗产的保护和申遗方面还显得比较滞后，需要加快这方面的工作。一是要充分认识到非物质文化遗产是企业以人为本的活态文化遗产，它强调的是以人为核心的知识和技能及有关的工具、实物、经验、精神，本身就是企业文化建设的重要内容，反映了企业文化的多样性与深厚程度。二是企业随着其所处环境和历史条件的变化，要高度重视对企业非物质文化遗产的保护工作，在不断使这种代代相传的非物质文化遗产得到创新的同时，也使企业自己具有一种认同感和历史感，从而激发员工的向心力、凝聚力和创造力。三是企业要积极开展非物质文化遗产普查工作，做好非物质文化遗产的普查、认定和登记，全面了解和掌握本企业非物质文化遗产资源的种类、数量、分布状况、生存环境、保护现状及存在的问题，及时制订非物质文化遗产的保护规划，并注意抢救珍贵的非物质文化遗产。有条件的企业可以建立非物质文化遗产资料库、博物馆或展示中心。四是企业可根据国家关于公民、企事业单位、社会组织等可根据逐级申报的原则和规定，要适时向企业所在地区非物质文化遗产保护中心提出申报非物质文化遗产项目的申请，使具有历史、文化和科学价值的文化遗产得到全面、有效的保护和宣传展示。

解决“五大”难题

所谓难题，一般指不容易解答的题目、难以解决的问题、不易处理的事情等。这里专指在国内企业文化建设中普遍存在的一些非常重要且难以解决的问题和事情。

当前，建设新时代中国企业文化需要解决“五大”难题。

第一大难题：企业文化理论创新。企业文化理论是对企业文化长期实践经验积累和知识的高度总结概括，是企业文化内在本质和规律的反映，对企业文化建设具有广泛的指导性和普遍的适用性。恩格斯曾指出：“一个民族想要站在科学的最高峰，就一刻也不能没有理论思维。”党的十八大以来，习近平总书记对党的理论创新和实践创新问题做过多次重要论述，指出：“我们党之所以能够历经考验磨难无往而不胜，关键就在于不断进行实践创新和理论创新。”当前，企业文化理论创新难以突破有许多方面的原因，例如，长期养成的依靠领导讲话和上级文件的工作习惯和习惯性思维；把企业文化作为一种管理方法和工具所造成的局限性；企业文化建设中的“喜新厌旧”“一阵风”、形式主义、“花架子”等问题和现象仍普遍存在；对自有的企业文化建设经验总结挖掘不够，难以上升到理论高度；企业文化建设的优秀成果不多、实际水平有限，缺乏文化自信，等等。为此，我们必须以崇高的使命感和责任感，以极大的主动性和创造性，敢于突破现有企业文化理论体系的局限，充分发挥想象力，从内心深处真正地感受、感觉、感悟中国的企业文化。一是要以我国发展新的历史方位为坐标，运用马克思主义中国化的最新成果指导企业文化理论创新；二是要站在历史和时代的高度，紧紧把握世界企业文化理论与实践发展的历史脉络，找到发展规律，推动企业文化理论创新；三是紧密结合实际，以当前企业文化建设存在的主要问题作为动力源，促进企业文化理论创新；四是注重企业文化理论与实践的结合，加强学习研究，不断提出正确的思路和有效的办法，推进企业文化理论创新；五是进一步坚定文化自信，将文化自信有机统一于新时代中国企业文化伟大实践中，加速企业文化理论创新。

第二大难题："以文化上"。"以文化上"实际上是讲以文"化"领导的问题。在现实中，我们不难发现：有的企业领导本身就没有或缺少文化，却异想天开地要企业和员工有文化；有的企业领导缺乏对企业文化的正确认识，摆不正企业文化在企业应有的位置，让企业文化根本就起不了作用；有的企业领导把企业文化当作管理工具，用来针对和约束员工，让企业文化背负"恶名"；有的企业领导把企业文化作为上级布置的一项任务，开展所谓的企业文化仅仅是为了应付检查而已，甚至弄虚作假；有的企业领导将企业文化视为宣传工作，把企业文化作为宣传自己和企业的手段，热衷于搞各种形式和活动；有的企业领导特别是行政"一把手"，认为企业文化是党委书记和分管领导及企业文化部门的事，抱着与己无关、可有可无的态度；有的企业领导不懂企业文化或无视企业文化需要积淀和传承的特点及规律，上任伊始就简单否定前任的企业文化体系和做法，使人感觉换领导就换文化；有的企业领导缺少应有的政治觉悟和思想境界，私心大、私欲重，触犯党纪国法，给企业文化建设造成严重损失，等等。请注意，这里讲的领导不仅是企业的第一把手，还包括各个层级的领导。我们讲企业文化是"一把手"文化，实质上是从上到下涵盖了所有的"一把手"。如果仅有企业党政两个"一把手"而没有各个层级"一把手"的文化接力，企业文化是无法"落地"的，也根本就成不了企业文化。那么，怎么解决这个难题呢？一是要坚持党对企业特别是国有企业的领导，加强企业党的建设，加强企业领导班子建设，加强对企业领导干部的教育和培养，选拔真正优秀的干部担任企业领导人，严格对企业领导人的检查督促；二是要大力发展面向现代化、面向世界、面向未来的，民族的、科学的、大众的社会主义文化，提高企业领导人的文化素养；三是要加强依法治国、以德治国，引导全社会积极践行社会主义核心价值观，大力营造有利于企业领导人健康成长的环境和氛围；四是要以中国梦为引领，弘扬民族精神和时代精神，引导企业领导人树立正确的国家观、企业观、文化观；五是要抵制腐朽、落后文化的侵蚀，推进诚信建设制度化，不断增强企业领导人的社会责任意识、规则意识和奉献意识。

第三大难题：企业文化建设总流程再造。企业文化建设总流程再造，是指对我们现在已经习惯的企业文化建设思路、方法、路径、阶段的总体再造。我们现在开展企业文化建设的一般流程是这样的：首先，制订企业文化规划或纲要，主要包括指导思想、目标、原则、思路、组织领导、责任分工、企业文化建设的主要内容、实施阶段、措施和要求等；其次，邀请咨询公司、专家指导或企业自己构建企业文化的理念、行为规范和形象识别体系；接下来，给企业文化冠名、编辑并发布《企业文化手册》；有的企业就到此为止了，有的企业则继续开展企业文化职能文化建设和其他相关活动，还有少数企业制订企业文化考核评价办法，对企业文化的建设情况进行评估，等等。这个难题，难就难在大家都知道靠这套流程是建不成企业文化的，但又不得不为之。但是，要建设新时代中国企业文化，必须破解这个难题，实施企业文化建设总流程再造，即认真学习和理解习近平总书记关于"我们党始终把思想建设放在党的建设第一位，强调'革命理想高于天'，就是精神变物质、物质变精神的辩证法"的重要论述，自觉地运用辩证唯物主义世界观和方法论，充分认识到企业文化建设的过程就是精神变物质、物质变精神的过程，改进企业文化建设的思维方式和工作方法，根据企业文化的结构性原理，实施从理念到制度、从制度到行为、从行为到价值创造（物质）的新流程，以信仰、信念的力量，重塑企业的核心价值观，构建企业的核心价值体系。

第四大难题：企业文化的考核评价。企业文化的考核评价之所以成为难题，主要是因为"三缺"：一是缺乏统一的认识，有的人认为企业文化可以考核，有的人认为企业文化无法考核；二是缺乏深入的企业文化考核评价的理论研究和创新，没有系统的理论引领和支撑；三是缺乏企业文化考核评价的成功实践和案例。早在 2008 年，中国企业文化研究会测评中心就研究出了企业文化考核评价的"一纲三册"，即《企业文化测评考核指导纲要》《企业文化测评手册》《企业文化实效考核手册》和《企业文化建设工作评价手册》，主要是对企业文化的实际状态、管理实施和建设成效所进行的测评、考核和评价，不仅对当时的企业文化考核评价工作起到了积极的推动作用，也为我们如今开展新时代企业文化考核评价工作积累了一定的经验、奠定了一些基础。那么，新时代中国企业文化考核评价应该如何实现创新和突破呢？第一，要认识到凡是文化特别是企业文化都是可以考核评价的，否则，人们怎么能够区分不同的文化呢？第二，要充分认识到企业文化考核评价的重要性和紧迫性，没有企业文化的考核评价，就不会有真正的企业文化。第三，理清企业文化考核评价的基本思路，即建立一套完整或比较完整的企业文化体系是进行企业文化考核评价的前提；有一定的管理水平和人力资源管理经验是进行企业文化考核评价的基础；从本企业和行业的实际出发，着眼于企业自身的需求，是进行企业文化考核评价的方向；实现企业健康、和谐的发展是进行企业文化考核评价的目标；不断提高企业与人员的素质是进行企业文化考核评价的根本；用文化创造价值是进行企业文化考核评价的核心；领导重视、身体力行是进行企业文化考核评价的关键；文化导向与经营管理相结合，目标指向与过程控制相结合，定性测评考核与定量测评考核相结合，自我评价与团队评价相结合，个人绩效与单位绩效相结合，测评考核结果与改进提高相结合；关系明确、定位清晰、指标量化、比例得当、周期合理、流程科学、评价客观是进行企业文化考核评价的重点。第四，把握企业文化考核评价理论创新的几个突破口。一是根据企业文化的层次结构原理，可从精神层面、制度层面、行为层面和物质层面，由内向外地对企业文化建设的内容和形式进行划分，并根据具体成效进行考核评价。二是根据企业文化的载体特征，分别从主体载体、组织载体、制度载体和物质载体等方面进行划分，然后对每一个方面进行考核评价。三是根据企业文化的核心理念构成要素，将企业的使命、愿景、核心价值观和精神作为一个体系，然后进行内容细化，分要素进行考核评价。四是根据企业文化的作用与功能，分别从企业文化的目标导向力、精神凝聚力、行为规范力、形象塑造力、价值创造力等文化力方面进行考核评价。五是根据 CIS 的内容和要求，分别从理念识别系统、行为识别系统和视觉识别系统进行划分，依据相关的标准进行考核评价。

第五大难题：企业文化建设的评价指数。企业文化建设的评价指数相对企业文化考核评价来说是一个更大的难题，也是人们一直希望解决的一个大难题。我们知道，指数具有直观易懂、科学准确、内涵丰富等特点，能够揭示和反映事物的本质和规律。将“指数分析法”应用于经济、社会、文化等管理活动，已成为当今互联网、信息化、大数据时代的一个必然趋势。广义地讲，任何两个数值对比形成的相对数都可以称为指数；狭义地讲，指数是用于测定多个项目在不同场合下综合变动的一种特殊相对数。企业文化建设评价指数应该是一种表明企业文化建设动态的相对数，具有三个重要功能：一是运用指数可以测定不能直接相加和不能直接对比的企业文化建设的总动态；二是运用指数可以分析企业文化建设总变动中各因素变动的影响程度；三是运用指数可以研究企业文化建设总平均指标变动中各组标志水平和总体结构变动的作用。但是，我们讲企业文化建设的评价指数，必须要讲企业文化建设的评价指标。什么是指标呢？指标是衡量目标的单位或方法。企业文化指标，可以理解为企业文化建设预期要达到的指数、规格、标准，一般用数据表示。企业文化建设的评价指数与指标是什么关系呢？根据以上企业文化评价指数和指标的概念及定义，我们是否可以这样分析和梳理。首先，企业文化建设的评价指标是建立企业文化建设的评价指数的基础；其次，企业文化建设的评价指数是对企业文化建设的评价指标的反映，对指标的设计具有引领作用；再次，企业文化的评价指数和指标相辅相成，互为支撑。

进行企业文化建设的评价指数设定与指标设计，要以构建完整的企业文化建设体系为基础，明确“可描述、可衡量、可管理”的总体思路，求真务实地坚守以下基本原则。

（1）目的性原则。企业文化建设评价指数的设定与指标的设计，要明确并围绕企业文化建设所要达到的目标及其对企业战略的引领，为企业的可持续发展提供文化支撑。

（2）科学性原则。指数的设计及体系的拟定、指标的取舍、公式的推导等都要有科学的依据。只有坚持科学性的原则，获取的信息才具有可靠性和客观性，才具有可信性。

（3）相关性原则。形成指数的各项数据和各指标之间应具有相关性和价值取向一致性，这是指数分析的基本前提。具体指标的选取要根据实际情况而定。

（4）有效性原则。即所选择的指标能有效反映企业文化建设的基本状况。

（5）简约原则。为保证指数的评价和预测具有较高的准确率，应将具有重复含义的指标排除在指数的基本框架之外。

（6）综合性原则。指数及体系的设计不仅要有反映企业文化建设在某一阶段取得的进展情况，更重要的是要有动态性，能反映其持续发展的状况规律，静态与动态综合，才能更为客观和全面。

（7）可操作性原则。指数的设计要求概念明确、定义清楚，能方便地采集数据与收集情况，要考虑现行科技水平，并且有利于改进。而且，指数的内容不应太繁太细，过于庞杂和冗长，否则，将会违背设计初衷和意义。

（8）时效性原则。企业文化建设的评价指数及体系不仅要反映一定时期企业文化建设的实际情况，而且还要跟踪其变化情况，以便找出规律，及时发现问题，改进工作，防患于未然。

（9）直观性原则。指数的设计要能直观地显示企业文化建设的状况，有效地发现问题和改进问题。

（10）可比性原则。指数体系中同一层次的指标，应该满足可比性的原则，即具有相同的计量范围、计算口径和计量方法。这样使指标既能反映实际情况，又便于比较优劣，查明企业文化建设的薄弱环节。

理清“十大”关系

所谓关系，一般是指人与人之间、人与事物之间、事物与事物之间的相互联系。这里专指在国内企业文化建设中，企业文化与企业其他一些主要工作之间的相互联系、相互作用。

当前，建设新时代中国企业文化需要理清“十大”关系。

（1）企业文化与企业党建。企业党建是指企业党的建设工作，主要是相对于国有企业而言，包括以加强党的长期执政能力建设、先进性建设和纯洁性建设为主要内容的主线建设，以党的政治建设、思想建设、组织建设、作风建设、纪律建设为主要内容的全面建设，以制度建设为主要内容的过程建设等。当前，要理清企业文化与企业党建的关系，必须要明确以下四点。第一，坚持党的领导、加强党的建设是企业的“根”和“魂”，企业文化也是企业的“灵魂”，但党建是企业文化的“魂中魂”，因而，党的领导之魂与企业文化之魂必须“双魂合一”。第二，党建是中国共产党本质领导特征在企业的必然要求与作用体现，主导企业文化建设；企业文化服从于党建，是党建的作用“转换平台”和功能体现，因而，党的建设与企业文化建设必须“双建合一”。第三，党建的载体是主体载体、组织载体、制度载体和物质载体，企业文化的载体也是主体载体、组织载体、制度载体和物质载体，亦是同样的载体承载同样的“灵魂”，因而，党建载体与企业文化载体必须“双体合一”。第四，党的领导力在企业主要体现为“把方向、管大局、保落实”，企业的文化力主要以企业的使命、愿景、核心价值观和精神传递党的领导力，体现为企业的向心力、凝聚力和创造力，因而，党的领导力与企业文化力必须“双力合一”。

（2）企业文化与社会主义核心价值观。“社会主义核心价值观是当代中国精神的集中体现，凝结着全体人民共同的价值追求”。当然，也体现着中国企业精神，凝结着中国企业的价值追求，并集中体现在中国企业的核心价值观和企业精神之中。当前，要理清企业文化与社会主义核心价值观的关系，必须要明确以下五点。第一，“核心价值观是一个民族赖以维系的精神纽带，是一个国家共同的思想道德基础”，同时，也是企业文化“魂有定所、行有依归”的根本所在，企业文化建设必须以社会主义核心价值为核心坐标。第二，“核心价值观是文化软实力的灵魂、文化软实力建设的重点”，同时，这也是决定中国企业文化性质和方向的最深层次要素，必须大力培育和弘扬，以此增强企业核心价值观的生命力、凝聚力、感召力。第三，“一个民族的文明进步，一个国家的发展壮大，需要一代又一代人接力努力，需要很多力量来推动，核心价值观是其中最持久最深沉的力量”，同时，这也是企业文化建设最需要的力量，必须要衔接社会主义核心价值观这个最持久最深沉的力量，根植于企业的核心价值体系之中，有效整合企业和员工的价值意识，提升企业和员工的价值创造力。第四，“核心价值观，其实就是一种德，既是个人的德，也是一种大德，就是国家的德、社会的德”，同时，也是企业的德、企业家的德、企业员工的德，必须在企业文化建设中积极培育和践行社会主义核心价值观，激发企业家和员工形成善良的道德意愿、道德情感，使其具有正确的道德判断和道德责任，向往和追求讲道德、尊道德、守道德的生活，不断提高道德实践能力和自觉践行能力，形成向上、向善的力量。第五，社会主义核心价值观是由三个价值层面组成的，而这三个层面恰好清晰地描绘出了企业开展企业文化建设、践行社会主义核心价值观的结构图系，即企业的使命担当和愿景目标必须要上升到国家层面“富强、民主、文明、和谐”的价值要求，致力于中华民族伟大复兴中国梦的实现；企业的社会责任和义务必须要融合到社会层面“自由、平等、公正、法治”的价值要求，致力于社会秩序的正义维护、社会进步的积极贡献；企业作为社会公民，思想和行为必须遵守公民层面“爱国、敬业、诚信、友善”的价值要求，知行合一，成为政府放心、人民满意、社会称赞、员工幸福的现代文明企业。

（3）企业文化与中国特色社会主义文化。中国特色社会主义文化源自中华民族五千多年文明历史所孕育的中华优秀传统文化，熔铸于党领导人民在革命、建设、改革中创造的革命文化和社会主义先进文化，植根于中国特色社会主义伟大实践。我们必须要清晰地看到，中国特色社会主义文化不仅是中华优秀传统文化、革命文化和社会主义先进文化的简单相加，而是一个源自、熔铸、植根的伟大实践过程。在这个伟大的实践过程中，中国企业理所当然是其主要的承载者、参与者和奉献者，中国企业文化是其必不可少的重要组成部分。当前，要理清企业文化与中国特色社会主义文化的关系，必须要明确以下四点。第一，要把中国特色社会主义文化作为企业文化最深层的精神追求、最独特的精神标识和最高层次的文化谱系。第二，要把“以马克思主义为指导，坚守中华文化立场，立足当代中国现实，结合当今时代条件，发展面向现代化、面向世界、面向未来的，民族的科学的大众的社会主义文化，推动社会主义精神文明和物质文明协调发展”，作为企业文化建设的基本要求。第三，要把中国特色社会主义文化作为企业文化建设首要的价值判断和价值选择，并以此不断创新价值观念、创造价值成果。第四，要把中国特色社会主义文化的形成与发展过程，作为企业文化建设的新范式，积极顺应历史和时代的潮流，敢于自我革命，勇于文化“涅槃”，把企业文化建设的新成就融于中国特色社会主义文化之中，铸就中华文化新辉煌。

（4）企业文化与中华优秀传统文化。中华优秀传统文化贯穿于中国几千年的社会历史，影响并支配着中华民族的核心价值体系，并通过文化和精神的统一促进和维护着国家民族的统一，从而造就了伟大的国家和民族。在我国，企业精神的产生远远早于企业文化理论的产生，而随着改革开放40年的发展变化，当今中国的企业文化早已深深地浸透着中华优秀传统文化的影响。当前，要理清企业文化与中华优秀传统文化的关系，必须要明确以下四点。第一，我们要看到中华民族的伟大复兴首先是中华民族文化精神的复兴。中国企业担当着中华民族伟大复兴的重任，要有深刻的危机意识，清醒地看到当前国家、民族、社会和自身的问题所在，从文化和精神上首先觉醒，坚决摒弃诚信缺失、见利忘义、损人利己、弄虚作假等腐朽、落后的文化糟粕，以中华民族优秀传统文化和精神塑造中国企业独有的精神气概，实现对国家、民族和自身的历史担当。第二，要在企业文化建设中体现中华优秀传统文化的内涵，但不能仅停留在理念的表述、精神的诠释、文字的表达、形象的设计上，更重要的是能否言行一致，真正把中华优秀传统文化所体现出的这种大道哲学的根本精神作为我们企业至高无上的坚守。这不仅是中华优秀传统文化的精神基础，更是中国企业文化的精神基础。第三，我们要在企业文化建设中自觉、主动地去修炼和培养中华优秀传统文化的精神气质，能发自内心地“明明德，亲民，止于至善”，增强对国家和民族的认同感和亲和力，打造有共同文化精神基础的向心力和凝聚力。第四，要在企业文化建设中创新中华优秀传统文化的内涵，坚持“古为今用”和“推陈出新”的方针，采取“取其精华，去其糟粕”的方法，对中华民族传统文化进行历史的、辩证地分析，不能迷信传统文化，也不能惟“国学论”，更不能用中华优秀传统文化为企业撑“门面”、装“儒雅”、做“摆设”。

（5）企业文化与革命文化。革命文化是中国共产党和中国人民在革命、建设和改革开放各个历史时期形成的精神追求、精神品格、精神力量，既传承了中华优秀传统文化，又引领和发展了社会主义先进文化，是我们党内政治文化的源头，是充分体现中国共产党党性的文化。当前，要理清企业文化与革命文化的关系，必须要明确以下五点。第一，革命文化是在马克思主义指导下形成和发展的，是马克思主义中国化的重大文化成果，也是中国化的马克思主义的本质体现，这就要求我们在企业文化建设中牢牢把握革命文化的本质和内涵，进一步坚定文化自信。第二，革命文化诞生于中华民族最危险的时候，是在艰苦卓绝的革命斗争和曲折艰辛的探索中发展的，这就要求我们在企业文化建设中时时刻刻要有紧迫感和危机感，进一步保持文化自警。第三，革命文化见证了“没有共产党就没有新中国”的历史，这就要求我们在企业文化建设中要坚持和加强党的领导，激发内心为党、为国、为人民工作的激情，进一步注重文化自省。第四，革命文化培养了共产党人为人民服务的宗旨意识，体现了共产党人勇于担当的鲜明品格，这就要求我们在企业文化建设中传承革命文化，将党和人民的利益放在首位，相信群众、依靠群众，不忘初心，牢记使命，进一步增强文化自觉。第五，革命文化既创新、继承和升华了中国传统文化，又批判、借鉴、吸收了西方的优秀文化，表明唯有求真务实、以我为主，通过自我革命才是文化力量之源，这就要求我们在企业文化建设中敢于自我革命，不断求新求发展，进一步实现文化自强。

（6）企业文化与企业家精神。企业家是企业的“根脉”，是企业文化的“魂魄”，是企业精神的“发源地”。一般来讲，“企业家精神”是指企业家特殊技能（包括精神和技巧）的集合。或者说，“企业家精神”是企业家组织建立和经营管理企业的综合才能的表述方式。世界著名的管理咨询公司埃森哲，曾在 26 个国家和地区与几十万名企业家交谈。其中 79% 的企业领导认为，企业家精神对企业的成功非常重要。如果说一个企业家代表了一个企业的文化表里特征，而企业家精神则直接影响并决定着企业文化的生成及传承。当前，要理清企业文化与企业家精神的关系，必须要明确以下六点。第一，要看到企业家的价值追求和精神境界是企业文化诞生的前提，没有高尚情操和精神境界的企业家，是不可能带领企业员工建设出优秀的企业文化的。因而应注重企业家精神的先天塑造，为企业文化的建设创造良好的前提条件。第二，要看到企业家精神是企业文化内涵的精华，企业家精神凝聚着企业的核心理念，支配着企业的价值意识活动，是企业文化建设的核心内涵。因而应注重企业家精神的总结、凝练和提升，以不断丰富和提升企业文化建设水平。第三，要看到企业家精神是企业文化生成的首要动力，这主要是由企业家在企业中所处的特殊地位决定的。因而要注重企业家对企业文化建设的积极倡导和身体力行，使之成为企业文化建设的“火车头”。第四，要看到企业家精神是企业文化建设的关键，企业家的创业实践和个人价值观既是企业家精神形成的基础，也是企业价值观、企业精神形成的基础。因而要注重企业家的价值观和精神在企业的“深植”，尤其是要在企业员工中产生共鸣。第五，要看到企业家精神是企业文化独特的魅力，是企业家的典型特征和“天才的闪烁”在企业文化上的反映，是区别于其他企业文化的根本所在。因而应注重企业家精神的个性和品质的超越升华，以其独有而显著的特征彰显个人与企业文化的精神魅力。第六，要看到企业家精神是企业文化传承的基石，是企业持续发展的动力。因而应注重企业家精神其独特的精神引领作用，点燃员工思想和智慧的火花，激发企业和员工的激情和创新活力，使企业家精神与企业文化一脉相承、薪火相传。

（7）企业文化与行业文化。行业文化是行业企业在长期的生产经营实践中逐步形成的共同的价值理念和行为规范，是行业企业创造的物质成果和精神成果的总和。行业文化主要反映的是一个行业的企业和员工在历史发展进程中逐步形成的所共同遵循的价值理念、行为方式及表现形式。客观地讲，行业文化在行业企业的企业文化建设中居于重要地位，发挥着行业性主导作用，决定着企业文化的行业基本特征和方向，是行业企业建设企业文化的前提和基础。企业文化则是行业文化在行业企业的生动实践和具体写照。当前，要理清企业文化与行业文化的关系，必须要明确以下四点。第一，要认识到行业文化是一个行业长期历史文化积淀的高度浓缩，是该行业企业文化的基因形成及编码的肥沃土壤，行业文化的发展对企业文化的基因形成及编码方向具有重要的指导性作用，行业文化建设的经验对企业文化建设的方法、路径等具有参考和示范价值。第二，行业文化的核心价值体系是行业企业文化的基因形成及编码的价值坐标，企业文化建设应充分体现行业文化的价值追求，追溯行业文化的渊源，挖掘行业文化成长的源泉，追随行业文化的精神旗帜。第三，行业文化的发展离不开企业文化的不断创新，企业文化建设要围绕企业和员工的共同理想和追求，立足实际，着眼未来，与时俱进，勇于创新。第四，行业文化虽然对企业文化建设具有重要的意义和作用，但企业在实践中要注意结合本企业的实际，坚持系统性原则，整体思考、科学设计；坚持多层次原则，不搞上下一般粗；坚持主体性原则，紧紧依靠本企业的广大员工；坚持操作性原则，容易理解、便于执行。

（8）企业文化与地域文化。中国的企业遍布全国各地，自然受到祖国东西南北各地方不同地域文化的熏陶，如晋商文化、徽商文化、浙商文化等，都对当地的企业提供了优秀而独特的地域文化营养，丰富和滋润了企业文化，成为企业文化建设不可或缺的文化元素。当前，要理清企业文化与地域文化的关系，必须要明确以下四点。第一，虽然经济全球化的影响在不断加大，但地域文化的优劣和区域经济的发展对企业的价值取向和内在管理要素的影响将更加直接，对企业的发展也起着越来越重要甚至决定性的作用。从某种意义上说，企业对地域文化和区域经济环境的适应能力，企业文化与地域文化的融合，或将成为企业文化建设不可忽视的重要力量。第二，虽然企业文化的产生和发展主要源自内部的因素，但决不可忽视外部地域文化环境的影响，要将地域优秀文化融于企业文化建设之中，促进企业文化的基因优化，使之“青出于蓝而胜于蓝”。第三，在企业文化建设过程中，既要注重创新、卓越，也要注重开放、包容，重视与地域文化环境的和谐，注重与地域的协同发展，而非一味地竞争。第四，虽然全国各地区的经济、文化不尽相同，发展环境差距较大，一些企业的企业文化可能“先天不足”，但是，“适者生存”的规律不会改变，尤其是处在较落后地区的企业不能听天由命、自甘平庸，而是要敢于脱胎换骨，让文化焕然一新，促进企业健康、可持续地发展。

（9）企业文化与物质文明和精神文明建设。物质文明是指社会生产力的发展、物质财富的增长和人们物质生活的改善。它集中体现了人们改造自然界的物质成果。精神文明是指人类在社会历史发展过程中所创造的体现人类文明进步的情况，是人类智慧、道德的进步成果。物质文明是精神文明的物质基础和必要条件。精神文明为物质文明的发展提供思想保证、精神动力、政治保障、法律保障和智力支持。物质文明与精神文明两者同等重要且相互促进、相互发展。习近平总书记曾指出：“中国特色社会主义是物质文明和精神文明全面发展的社会主义。一个没有精神力量的民族难以自立自强，一项没有文化支撑的事业难以持续长久。”当前，要理清企业文化与“两个文明”建设的关系，必须要明确以下四点。第一，要根据企业文化的精神层、制度层、行为层和物质层的结构性原理，进一步明确企业文化已经涵盖了“两个文明”的内容，是“两个文明”建设的有机统一，应高度融合在一起，把企业文化作为“两个文明”一起抓的重要“抓手”。第二，要发挥企业文化的主体载体、组织载体、制度载体和物质载体的重要作用，将其作为承载“两个文明”建设的重要平台，使其相辅相成、相得益彰。第三，要坚持企业文化以人为本的宗旨，将企业文化以文化人、以文化行、以文化物的过程，作为建设“两个文明”的过程，不断提升企业与员工的文明素养，让员工有更多的获得感。第四，要将企业文化的导向功能、凝聚功能、激励功能、约束功能、塑造功能等，作用于“两个文明”建设，以“两个文明”建设的成果促进企业健康、可持续发展。

（10）中国的企业文化与外国的企业文化。随着经济全球化和“一带一路”建设的不断深入和扩大，越来越多的中国企业走出国门，在全世界建设工厂、开展项目建设、提供各种服务等，不可避免地要与国外的企业进行交流合作，而首当其冲的就是企业文化。因此，如何处理好中国的企业文化与外国的企业文化的关系显得尤为重要和紧迫。当前，要理清中国的企业文化与外国的企业文化的关系，必须要明确以下四点。第一，要尊重国外不同国家、地区、民族企业的企业文化，充分了解其特点、把握其特征、研究其规律，以平等、开放、谦逊、包容的态度，主动进行文化交流和探讨。切不可狂妄自大、消极排斥。第二，要认真学习国外优秀的企业文化，主动与世界一流企业的企业文化对标，从企业文化的内涵、特征、结构、载体、功能等方面进行对比和研究，发现问题、查找不足、看到差距、取长补短，并制订改进的标准和措施，加速提升自己的企业文化建设水平。第三，要正视与国外企业的文化差异和文化冲突，正确看待各自的优势和不足，在原文化个性的基础上，以我为主，用优秀企业文化共有的以人为本、客户至上、诚信合规、服务社会、关爱员工、团队精神、鼓励创新等要素，进行相互比较、相互吸收、相互补充，积极淡化差异、化解冲突。第四，要坚定文化自信，立足国内、放眼全球，加强对企业文化的理论与实践研究，在学习外国优秀企业文化的基础上要勇于创新、敢于超越，让中国的企业文化在与外国的企业文化的比较中逐渐走向卓越。

第六章

知止而后有定

——新时代中国企业文化的体系构建

《大学》开篇的第一段话大家都非常熟悉："大学之道，在明明德，在亲民，在止于至善。"这段话的意思是说，大学的宗旨在于弘扬光明正大的品德，在于使人弃旧图新，在于使人达到最完善的境界。但是，如何才能做到"止于至善"，使人达到最完善的境界呢？关键在于后面紧接的第二段话："知止而后有定，定而后能静，静而后能安，安而后能虑，虑而后能得。物有本末，事有终始。知所先后，则近道矣。"这段话告诉我们：知道应达到的境界才能够志向坚定；志向坚定才能够镇静不躁；镇静不躁才能够心安理得；心安理得才能够思虑周详；思虑周详才能够有所收获。每样东西都有根本、有枝末，每件事情都有开始、有终结。明白了这个道理，就接近事物发展的规律了。

建设新时代中国企业文化也需要"知止而后有定"，明白和把握"本末"和"始终"的道理，遵循企业文化建设的基本规律和新时代中国企业文化建设的特殊要求，全要素、全方位、全系统地实施标准化、规范化、流程化管理运作，科学构建新时代中国企业文化建设的新体系。

我们知道，体系是一组相互关联、相互作用的要素。新时代中国企业文化的体系构建，是指依照企业文化以人为本和以文化人的核心要求，突出"文"和"化"的不同功能，按照要素管理和过程管理相结合的方法，将新时代这个企业文化建设体系分为企业文化要素体系和企业文化管理体系两个部分。

企业文化要素体系

企业文化要素体系是新时代中国企业文化建设体系的核心内容，以企业文化建设的主要内容为基本架构，主要包括理念系统、行为规范系统、形象识别系统和职能文化系统等。企业文化要素体系是企业文化建设的核心，其重要意义和功能主要体现在"以文化人"之"文"，是构建企业文化管理体系的前提和基础。

（一）理念系统

理念系统是新时代中国企业文化体系构建的基础，是中国企业在新时代对自身存在和发展全局性、方向性、根本性、长久性问题的思考与回答，主要包括核心理念、职能理念、宣传用语等。

1. 核心理念

核心理念是企业文化理念系统的生成本源，是企业文化建设的根本和决定性因素，主要包括企业的使命、企业的愿景、企业的核心价值观、企业的精神等。

（1）企业的使命。企业的使命是企业存在的价值宣言，明确描述了企业应承担的责任和存在的意义。例如，中国商用飞机有限责任公司的企业使命是“让中国的大飞机翱翔蓝天”；中国兵器集团公司的企业使命是“服务于国家国防安全，服务于国家经济发展”。

（2）企业的愿景。企业的愿景是企业可描绘的未来发展的一种景象，是企业肩负使命、发奋努力要实现的美好蓝图。例如，中国航天科工集团有限公司的企业愿景是“建设国际一流航天防务公司”，中国航空发动机集团的企业愿景是“建成世界一流航空发动机集团”。

（3）企业的核心价值观。核心价值观是企业的最高价值所在，是企业一切行为的基本价值准则和信条。例如，中国石油天然气集团有限公司的企业核心价值观是“我为中国献石油”，中国石油化工集团公司的企业核心价值观是“人本、责任、诚信、精细、创新、共赢”。

（4）企业的精神。企业的精神是企业领导和员工在企业发展过程中所提倡和逐步养成的一种精神品质和工作态度。例如，中国核工业集团公司的企业精神是“事业高于一切，责任重于一切，严细融入一切，进取成就一切”，中国船舶重工集团有限公司的企业精神是“兴船报国，创新超越”，中石油吉林石化公司的“四种精神”是“背山精神、麻袋毛精神、矛盾乐精神、登天精神”。

2. 职能理念

职能理念是核心理念在企业各项职能工作方面的延伸和细化，是企业各项职能工作价值理念的高度凝练。一般有以下职能理念。

（1）发展理念。发展理念是企业发展行动的先导，是发展思路、发展方向、发展着力点的集中体现，是企业致力于破解发展难题、增强发展动力、厚植发展优势的治本之策。例如，国家电网有限公司的发展理念是“安全、优质、经济、绿色、高效”，中国华电集团有限公司的发展理念是“高效、清洁、共赢、持续”。

（2）经营理念。经营理念是企业的经营方向、经营信念、经营目标、经营方法的集中体现，是企业创造效益、尊重客户与员工权益的价值指引。例如，中国建设银行的经营理念是“以市场为导向，以客户为中心”，南方电网公司的经营理念是“创造价值，创新发展”。

（3）管理理念。管理理念是企业理性的管理观念或想法，是集企业人、物、知识等管理活动的指导思想。例如，中国农业银行的管理理念是“细节决定成败，合规创造价值，责任成就事业”，黄河京都酒店管理集团的管理理念是“以人为本、科学高效”。

（4）营销理念。营销理念是企业销售活动和管理的宗旨，是市场经营的基本功能，是实现经营目标的基本策略和手段，直接关系到企业经营管理的质量及成效。例如，海尔集团的营销理念是“先卖信誉，后卖产品”，北京博雅乐器有限公司的营销理念是“至诚至真、至细至善”。

（5）服务理念。服务理念是企业的服务本质所决定的，是在为顾客服务中透射出的一种态度、一种方式、一种可以转化为顾客可以切身感受到的利益或价值。例如，联想集团的服务理念是“专业、可亲、自然、信赖”，北京百货大楼的服务理念是“一切从顾客出发，一切让顾客满意”。

（6）质量理念。质量理念是企业以提高服务质量为核心，不断提升服务品质和产品品质的指导思想，是加强质量文化建设的根本观念和执着追求。例如，扬子江药业集团的质量理念是“任何困难都不能把我们打倒，唯有质量”，紫金矿业集团的质量理念是“‘金’的品质”。

（7）安全理念。安全理念是企业在安全工作方面衡量对与错、好与坏的规范和思想，旨在提示全体员工充分认识安全工作的重要性及行为遵循。例如，中国化工集团有限公司的安全理念是“珍惜生命、 热爱生活，不要带血的利润”，江苏黑松林粘合剂厂有限公司的安全理念是“关注细节，关注安全”。

（8）成本理念。成本理念是企业成本管理的核心指导思想，旨在加强全员节约成本与控制成本的观念和意识。例如，长安汽车集团的成本理念是“少花钱、多办事、办好事、办大事”，河北盛泰集团的成本理念是“物尽其用，人尽其才，优化配置，高效节能”。

（9）人才理念。人才理念是企业识人、用人的重要指导原则，它阐述了什么是人才、怎么培养人才和使用人才，让各类人才充分地发挥作用。例如，中国大唐集团有限公司的人才理念是“大唐大舞台、尽责尽人才”，华润集团的人才理念是“尊重人的价值、开发人的潜能、升华人的心灵”。

（10）团队理念。团队理念是企业大局意识、协作精神和服务精神的集中体现，核心是全体成员的向心力、凝聚力及协同合作，反映的是个体利益和整体利益的有机统一。例如，云南金沙矿业股份有限公司的团队理念是“同舟共济、激情进取”，渤海钻探工程有限公司的团队理念是“坚定执着、追求卓越”。

（11）学习理念。学习理念是企业以学习为第一需要，作为企业和员工生存发展能力的基本价值判断，倡导工作学习化、学习生活化。例如，吉林省煤业集团有限公司的学习理念是“学以致用、习以致远”，青海油田天然气开发公司的学习理念是“学以致用，岗位成才”。

（12）廉洁理念。廉洁理念是以企业领导为重点规范企业员工清正廉洁、爱岗敬业的指导性准则。例如，中国航空工业集团有限公司的廉洁理念是“志洁行廉，纲纪蓝天”，北京市地铁运营有限公司的廉洁理念是“廉心明是非，行为守准则”。

3. 宣传用语

宣传用语是企业以非常明显的时代特征和行业特色，用简洁的语言表达的某种理念口号，以达到宣传鼓动的目的和作用。以中国航天科技集团有限公司的宣传用语为例。

中国航天科技集团有限公司对外传播的宣传语：航天承载梦想，科技铸就辉煌；航天科技创造美好生活；梦想连通天地，航天改变生活；放飞梦想，共赢天地；航天科技就在我们身边……

中国航天科技集团有限公司对的内宣传语：发展航天事业，建设航天强国；以成功报效祖国，用卓越铸就辉煌；使命因艰巨而光荣，人生因奋斗而精彩；续航天梦，筑强军梦，圆中国梦；太空梦，航天情，中华魂……

（二）行为规范系统

行为规范系统是从企业文化的角度对员工的行为做出的针对性约束和规定，是企业文化理念作用于员工的行为体现，主要包括以下内容。

1.企业的行为准则

企业的行为准则是以企业理念为依据对企业及员工的行为进行总体约束的标准原则，是企业行为规范的核心坐标和总标准。例如，中国商用飞机有限责任公司"真容信、严精廉"的行为准则。

真：持真戒伪，真实传递信息。

容：持容戒偏，全面倾听意见。

信：持信戒欺，忠实履行承诺。

严：持严戒随，严格遵循标准。

精：持精戒粗，精心把控细节。

廉：持廉戒腐，清白行使职权。

2.企业的作风

企业的作风是一个企业在各种活动中所表现出来的一贯态度和行为处事的风格，是企业长期积累并形成的一种特有的精神风貌。例如，吉化集团公司的企业作风是"严、细、实、快"。

3.企业的职业行为规范

企业的职业行为规范是对企业各类人员的专业业务和特定职责的一种特殊的行为要求，规定了应该怎样做和不应该怎样做。例如，中国航天科技集团有限公司的职业行为规范如下。

领导人员：政治坚定，勤勉清廉，科学决策，创新图强。

管理人员：科学管理，务实高效，积极主动，执行有力。

科技人员：吃透技术，把握规律，勇于创新，合作包容。

生产人员：精通技能，安全操作，确保质量，打造精品。

服务人员：文明礼貌，体贴周道，诚信规范，保障到位。

4.企业的公共关系规范

企业的公共关系规范是企业处理对外公共关系的基本原则和态度，是全体员工对外交往中必须遵守的行为规范。例如，中石化西南油气田的公共关系规范的总体要求是自然热情、平等公正、诚信守诺、合作共赢，基本要求分为三点：一是在公共交往中，应主动与用户、供应商、投资者、合作者及政府、社团、社区、新闻机构等保持联络，真诚沟通，平等相待，坦诚相见，寻求相互间的理解、信任与支持，建立友好关系。二是遵纪守法，遵规守则，遵守相互间的承诺和约定。三是尊重和维护用户、供应商、投资者、合作者等各方面的权益和利益，合作协调发展。

5.企业的日常礼仪规范和团队活动

企业的日常礼仪规范和团队活动是企业行为规范的重要组成部分，是企业文化建设不可或缺的载体和表现形式，主要包括以下内容。

一是升旗仪式。企业可在元旦、“五一”“七一”、国庆节前后，以及重要活动举行日等举行升旗仪式，以加强对全体员工热爱祖国、忠诚企业的意识培养、情景教育、环境熏陶和氛围感染。

二是文化艺术节。企业可根据自身实际情况，以每年相对的固定时间，定期举办文化艺术节，以文艺表演、诗歌创造、体育比赛等为主，丰富员工的文化生活，助力企业基层文化建设，增强企业的向心力、凝聚力和创造力。

三是爱心（慈善）日活动。企业可以把重要节日、企业成立纪念日或其他有意义的时间，作为向社会献爱心或者是作慈善活动，以体现企业员工对党、对祖国、对社会和他人的关爱。

四是文化大讲堂。企业可以结合企业文化建设的实际，定期或不定期地举办文化大讲堂，通过邀请知名专家、教授等举办不同主题、不同层次人员参加的讲授和培训，以提升企业各级各类人员的文化素养、综合素质和业务水平。

五是新员工入职仪式。企业可在新员工集中报到后的适当时间（依照实际情况而定），为新员工举行入职仪式。在入职仪式上，让新入职的员工面向五星红旗和企业司旗庄严宣誓，以增强新员工在职业生涯中的责任感和使命感，把誓词中的各项要求贯彻于今后的工作、生活和学习中，为企业的发展做出自己应有的贡献。

（三）形象识别系统

形象识别系统是企业文化体系最外在、最直观的部分，重点是通过科学化、系统化、规范化的工作，塑造鲜明而富有感染力的统一形象，主要包括以下内容。

1. 企业视觉识别

企业视觉识别是企业形象视觉化、系统化、规范化的表现形式，企业名称、标识、标准字、标准色是构成视觉识别的基本要素，具体执行参照《企业 VIS 系统手册》。

2. 组织与人员形象

组织与人员形象是企业形象识别系统的重要组成部分，也是企业文化建设必不可少的内容。例如，中国石化西南油气分公司勘探开发研究院的组织与人员形象。

研究院机关的组织形象：室内整洁，物品有序；着装大方，仪表端正；微笑服务，耐心细致；业务精湛，程序规范。

研究院基层的组织形象：精神振奋，学风浓厚；团结协作，和谐友善；设施完备，制度健全；锐意进取，敢打必胜。

研究院的队伍形象：勇于担当，敢于拼搏，善于创新，乐于奉献。

研究院的领导形象：信念坚定，担当尽责，廉洁自律，心系群众。

研究院的干部形象：真抓实干，敢为人先，多谋善断，一心为公。

研究院的职工形象：服从组织，刻苦钻研，务实勤勉，开拓创新。

3. 环境形象

企业环境是企业形象识别系统的重要组成部分，也是企业文化不可或缺的重要内容。优美整洁、井然有序的企业环境，可以给员工一种美的享受，激发员工工作的积极性、创造性。例如，黄河酒店管理集团酒店的环境形象为风格独特、内涵丰富、品质高雅、功能齐全；宽敞明亮、干净整洁、温馨舒适、宾至如归；接待热情、服务周全、礼仪规范、细致入微；管理先进、设施完备、安全便捷、绿色环保。

4. 传播展示形象

传播展示形象的媒体包括电视、报纸、杂志、网站、微信等。

（四）职能文化系统

职能文化系统是以职能文化理念为支撑，综合理念系统、行为规范系统、形象识别系统在企业各项职能工作中的实践应用，是企业文化“落地”的重要渠道和载体。职能文化系统主要包括两个方面的内容。

一是以企业各项职能工作（生产、经营、管理、质量、安全、人力资源、财务等）为载体开展的职能文化建设，这是理念系统、行为规范系统、形象识别系统在职能工作领域的系统延伸、细化和塑造，如企业普遍开展的创新文化建设、质量文化建设、安全文化建设、品牌文化建设、人才文化建设、廉洁文化建设等，主要由主管本项业务职能工作的领导负责，由主管本项业务职能工作的机关部门负责具体策划和实施，坚持顶层谋划、业务融合、讲求实效、突出特色的基本原则和方法。

二是企业在重大工程、重点任务、重要产业项目活动中形成的具有工程特点、项目特色、技术创新成果和以英模人物命名等开展的特色文化建设，例如，中国运载火箭技术研究院的“神箭文化”、中国空间技术研究院的“神舟文化”等，这是企业文化建设在各项职能工作中的成果体现，主要由企业机关部门和下属基层单位立足于各自的核心业务开展，由企业统一审核命名，坚持立足基层、围绕业务、勇于创新、注重个性的基本原则和方法。

企业文化管理体系

企业文化管理体系是决定企业文化要素体系能否有效发挥功能的关键，以企业文化的组织实施管理的主要内容为基本架构，主要包括规划计划、组织领导、运行机制、载体建设、资源保障、持续改进等核心要素。企业文化管理体系的重要意义和功能主要体现在“以文化人”之“化”，是对企业文化“以文化人”总过程的控制与管理。

（一）规划计划

规划计划主要是指企业文化建设的长远规划、年度计划、项目计划和实施细则，是企业文化体系建设的顶层设计和实施的“路线图”。

1. 长远规划

长远计划一般指企业文化建设较长时期的计划规划，通常为五年建设规划，一般由企业文化主管部门制订，企业文化建设领导小组发布，如《×××企业文化建设实施规划（2016—2020年）》，主要包括背景意义、指导思想、总体目标、基本原则、组织领导、主要内容、实施步骤、措施要求等内容。

2. 年度计划

年度计划主要是根据企业文化建设的长远规划和当年工作重点制订的年度工作计划，如《××××2018年企业文化建设工作计划》，一般由企业文化主管部门制订和发布，主要包括工作任务和目标、组织与责任分工、方法和措施、工作进度与完成期限等内容。

3. 项目计划

项目计划是根据企业文化建设的需要就某项开展的项目工程制订的实施计划，一般由企业文化主管部门或与相关部门联合制订实施，如《××××新时代企业文化创新提升项目》，主要包括项目实施的意义、指导思想和目标、基本原则、组织领导、主要内容、方法和途径、基本要求等。

4. 实施细则

实施细则是针对企业文化建设的某一具体工作所做的详细的、具体的解释和补充，如《××××企业文化考核评价实施细则》，一般由企业文化制订机构或主管部门制订，主要包括目的、根据、适用范围、执行原则和标准、实施措施、执行程序、奖惩措施、解释权、施行时间等。

（二）组织领导

组织领导是指企业专设的企业文化建设组织领导机构及职责分工，一般设企业文化建设领导小组、办公室、企业文化专员等。

1. 企业文化建设领导小组

企业文化建设领导小组是企业文化建设的指挥决策机构，全面负责企业文化建设的组织领导工作。一般由企业党政第一把手担任组长，企业领导班子成员担任组员。其主要职责包括以下几个方面。

一是根据企业发展的客观实际，研究决定企业文化建设的总体规划、目标和任务。

二是建立和完善企业文化建设的领导体制和工作机制，形成企业统一领导、业务部门分工实施、各下属单位贯彻落实、全体员工积极参与的文化建设格局，指导督促企业文化建设工作机构、制度建设、人员经费的落实工作。

三是对企业文化建设中的重大问题进行协调、指导，特别是对工作中遇到的重点、难点问题进行决策、检查和监督。

四是适时召开企业文化建设领导小组会议，注意总结和推广企业文化建设的经验，及时研究分析企业文化建设中存在的问题，制订有效的管理措施和方法。

五是建立企业文化考核评比机制，把企业文化建设工作与企业中心工作同计划、同部署、同检查、同奖励。

六是积极研究国内外企业文化建设的新理论、新案例，注重对企业文化的学习和创新，不断提升企业文化建设水平。

2. 企业文化建设领导小组办公室

企业文化建设领导小组办公室是企业文化建设的日常管理机构，负责企业文化建设的工作策划和具体实施，对本级和下属单位的企业文化建设进行统一协调、统筹管理，一般设在企业文化建设主管部门，由企业主管企业文化建设的领导任主任，企业文化主管部门领导任副主任，企业各机关部门领导为办公室成员。其主要职责包括以下几个方面。

一是按照企业文化建设领导小组的指导意见，对企业文化建设的总体规划、目标和任务进行分解、细化。

二是研究和制订企业文化建设的年度计划、实施方案及具体措施，指导集团所属各单位积极贯彻落实。

三是定期召开企业文化建设工作会议，落实各项企业文化建设工作，并对会议和基层反映的问题进行梳理、分析，提出解决方案。

四是组织机关和下属单位开展企业文化宣贯及相关培训，创造性地进行各类企业文化建设实践活动，调动广大员工参与企业文化建设的积极性。

五是指导各机关职能部门开展企业职能文化建设工作，协助各级机关部门进行职能文化建设。

六是组织开展企业文化建设的考核评比工作，总结和推广企业文化建设的先进经验、先进单位和个人。

七是负责企业文化相关费用的预算工作，落实企业文化建设的人员编制、经费等事项，合理使用相关经费。

八是负责企业文化建设的经验总结和成果推广工作。

3. 企业文化专员

企业文化专员是企业各级机关部门和基层单位专设的企业文化责任人，专门负责本部门、本单位的企业文化建设工作，一般由机关部门和基层单位的领导担任。其主要职责包括以下几个方面。

一是负责企业及上级企业文化工作在本机关部门（单位）的传达学习和贯彻落实。

二是负责本机关部门（单位）的企业文化建设与管理，制订并实施本单位企业文化建设的目标、指标和管理方案。

三是组织制订本机关部门（单位）职能文化实践模式的内容，并不断修订完善，积极组织开展有特色的职能文化实践活动。

四是对本机关部门（单位）的企业文化建设目标、指标和管理方案等执行情况进行检查，对存在的问题和不足及时整改。

五是对本机关部门（单位）员工进行经常性的学习教育和培训，及时向员工发布或传达相关企业文化信息。

六是及时向上级主管部门报告并协调处理本机关部门（单位）及相关单位在企业文化建设中出现的情况和问题。

七是大力营造本机关部门（单位）良好的文化氛围，积极参加和适时开展各项文化活动。

（三）运行机制

运行机制是企业文化管理体系运作的重要制度和方法，主要包括以下内容。

1. 学习培训

学习培训是企业文化建设的前提和基础，应重点做好以下工作。

一是突出目的性。学习培训的主要目的就是要提高企业全体员工对企业文化的认识、如同和认知，提升文化觉悟，形成文化思维，增强文化自觉。

二是突出系统性。要以企业文化核心理念为重点，对企业文化理念系统、行为规范系统、形象识别系统和职能文化系统等内容进行全方位的学习培训，整体推进。

三是突出层次性。要以各级领导的学习培训为重点，对企业不同层级、不同类型的人员进行企业文化学习培训，切忌上下一般粗、走过场。

四是突出创新性。要结合中心工作和岗位履责进行企业文化的学习培训，以学为先、以习为主，以工作和日常行为习惯的培训为重中之重。

五是突出实效性。要从企业和员工的实际出发，制订科学的企业文化学习培训制度和计划措施，采取科学的方式方法，注重学习培训的效果。

2. 制度转换

制度转换是指将企业文化要素体系的内容制度化，这是企业文化管理体系的重要一环，是企业文化管理运行机制的关键所在，应重点做好以下工作。

一是以企业文化的核心理念（使命、愿景、核心价值观和精神）为核心，以企业文化要素体系的内容为重要依据，对企业现有的战略、生产和经营管理等规章制度进行“文化审计”，为企业的规章制度铸入“魂魄”。

二是根据企业文化要素体系的内容和管理体系的要求，对企业现有的政策、制度和措施等进行补充、修改和完善，从而构建起以企业核心价值观为坐标的企业价值体系。

三是制度转换由企业文化建设领导小组牵头，领导小组办公室组织协调，以企业机关各职能部门为主体实施操作。

3. 岗位定责

岗位定责是根据企业文化管理体系的功能和运作要求，对企业文化建设进行的职务安排、任务部署和责任分工，主要确定企业文化建设各个层面的管理职责和权限，是保证企业文化“落地”的组织基础和强化企业文化建设的核心环节。

（1）企业的主要领导（企业文化建设领导小组负责人）职责：对文化建设总负责；主持制订公司文化建设方针，批准文化建设近期和年度目标、指标和管理方案；确定组织机构和职责；批准文化顶层要素设计、文化建设年度目标、指标管理方案；组织实施文化建设体系的内部审核；协调和解决文化建设体系运行中的资源配置和资金使用；解决文化建设在实施中出现的重大问题。为文化建设体系的实施、控制和持续改进提供必要的资源。

（2）企业其他领导的职责：企业其他的领导根据“业务谁主管，文化谁负责”的原则，在各自分管的业务范围内，对相关业务部门的职能文化建设和下属单位的企业文化建设的实施推进负相应责任。

（3）机关业务部门的职责：机关业务部门在各自分管的职能业务范围内对相关文化建设负责，是企业文化建设的横向管理轴线。主要负责对企业文化建设目标、指标和管理方案在主管职能业务系统进行细化和落实；制订职能文化建设的实施方案；对相关文化建设目标、指标和管理方案的组织实施进行监督、检查（测评）与考核。

4.分层管理

分层管理是指企业文化建设自上而下地分级实施，其基本思路如下。

（1）一级企业文化管理层级序位。

序位层级：集团公司。

序位功能：企业文化建设的“核心指导”序位是集团公司的文化核心和成长基因，是“主文化”，对集团公司及下属公司的企业文化建设具有方向性、指导性、控制性和标志性作用。

基本要求如下。

一是为集团公司下属企业实施企业文化建设提供方位坐标，以确保其正确无误。

二是为集团公司下属企业的企业文化建设提供核心指导，以确保其坚决贯彻落实集团公司关于企业文化建设的有关文件及领导的讲话和要求。

三是要求和督促集团公司下属企业在企业文化建设中要充分体现集团公司的文化精髓，并根据其内涵和要求，结合本公司实际实施的情况进行拓展和延伸。

（2）二级企业文化管理层级序位。

序位层级：集团公司下属各分公司。

序位功能：企业文化建设的“指导管理”序位。具有承上启下的地位和作用，是集团公司企业文化建设的第二层次。

基本要求如下。

一是各分公司对集团公司企业文化的核心内涵和基本要求要积极学习和领悟，结合本级企业的职能、战略、经营和管理实际认真贯彻落实。

二是按照集团公司企业文化建设的部署和要求，建立系统的、全方位的，具有计划、指导、实施和可控制功能的，能够充分体现集团公司要求和本公司实际的企业文化体系管理组织模式。

三是要将上级集团公司和本级公司的企业文化以其特有的内容、形式和方法贯彻落实到自己的下属企业，适时地进行企业文化的规划、制订措施、提出要求，并实施有效的指导和管理。

（3）三级企业文化管理层级序位。

序位层级：集团各分公司下属公司（工厂）。

序位功能：企业文化建设的“管理应用”序位。这是由其作为集团分公司下属公司的基层和基础地位决定的，是集团公司企业文化建设的基本层次。

基本要求如下。

一是在集团公司的核心指导和集团分公司的指导、管理下，全面贯彻落实集团公司和集团分公司企业文化的内容和要求，要一脉相承、薪火相传。

二是结合企业发展战略、经营管理和企业文化建设的实际需要，按照科学、系统、规范、实用、特色的要求，将上级的企业文化融会贯通在本公司的企业文化实践中。

三是根据本单位的地位、作用、责任、职能及企业文化应发挥的功能和作用，建立可牵引、可控制、可操作、可执行的，能够充分体现集团公司、集团分公司要求和本单位实际的企业文化管理模式。

（4）四级企业文化管理层级序位。

序位层级：车间。

序位功能：企业文化建设的“应用操作”序位，车间是集团公司企业文化建设的重要基础和“桥头堡”。

基本要求如下。

一是学习、宣传和贯彻上级企业文化的相关要求、工作规划与工作安排等，宣贯企业的价值观和文化理念。

二是结合上级要求和工作实际制订并实施本车间企业文化建设的目标、指标和管理方案。

三是将企业文化建设的责任分解到每个岗位，实施岗位管理，并不断对之修订和完善。

四是建立本车间企业文化建设的激励机制，保证对本车间企业文化建设进行必要的投入。

五是积极组织开展富有特色文化活动和针对员工的经常性的企业文化宣贯、培训工作。

六是适时对企业文化建设和执行情况进行检查，发现问题，及时改正。

（5）五级企业文化管理层级序位。

序位层级：班组。

序位功能：企业文化建设的“操作执行”序位，班组是企业文化建设的“核心细胞”，班组长是企业文化建设的“兵头将尾”。

基本要求如下。

一是负责严格执行上级企业文化建设的计划和要求，制订本班组的企业文化相关目标、指标、管理方案及工作计划。

二是明确企业文化相关要素的含义内容，以及班组和员工在企业文化方面的权利与义务。

三是按照上级关于企业文化的总体要求，注意培养班组成员的学习意识、执行意识、团队意识、争先意识、创新意识等。

四是督促班组成员严格执行企业文化行为规范和形象识别标准，及时纠正错误行为。

五是积极参加企业组织开展的各类文化活动，创造班组良好的文化氛围。

六是主动反映员工的意见，对企业文化提出合理化建议。

5. 考核评价

企业文化的考核评价是指根据企业文化建设的特点和规律，着重从企业文化的主体入手，按照企业文化的本质内涵、特征、结构、载体和功能的基本要求，分不同层次和类型，运用不同的方式方法，本着“化文化于管理、化理念于行动、化精神于物质、化无形于有形”的基本思路和要求，着眼于企业文化建设的实际，以文化实效为目标，以文化理念为导向，以实效考核为手段，以制度管理为保证，以提高企业人员的素质为途径，以提高企业的核心竞争力为根本标准，将文化理念融入企业各个岗位职能和责任目标之中，使企业文化各要素体系变成可测量的具体目标，将具体目标变成可理解、可操作、可实现、可考核的具体行为指标。

企业文化考核评价应做到“六个”坚持，即坚持以增强企业的核心竞争力、促进企业科学发展为根本标准，突出以人为本；坚持中国国情，注重借鉴国外企业文化及现代企业管理的思想、理论和方法；坚持从企业的客观实际出发，不搞先入为主，不以主观想象代替客观存在，一切考核评价以事实为依据，做到公正、公平、公开；坚持以数据真实为前提，实事求是地反映企业文化建设的实际状况，在事实的基础上进行科学分析和判断；坚持抓重点，最大限度地反映企业员工的意志、愿望和要求；坚持简单易行，操作方便，充分发挥计算机软件管理优势，使考核评价方法更科学、便于掌握和应用，使考核评价效果更准确。

（四）宣贯载体

宣贯载体是企业文化宣传贯彻的各种物质手段和表现形式的总和，主要包括以下三种载体。

一是传播载体，主要包括会议、讲座、报告、论坛、网络、图书、音像、报刊、微博、微信、主题活动等传播平台。

二是活动载体，主要包括升旗仪式、文化艺术节、爱心（慈善）日活动、文化大讲堂、新员工入职仪式、荣誉表彰等团队文化活动，以及登山、长跑、音乐、舞蹈、摄影、书法、征文、集邮等群众性文体活动。

三是设施载体，主要包括展览馆、博物馆、主题公园和企业文化示范基地、教育（培训）基地等设施，以及各级各类员工体育馆、文化活动站、图书馆等文体活动设施。

（五）资源保障

资源保障是企业文化建设的物质基础，主要包括以下几个方面。

一是人力资源保障。主要是指建立健全企业文化建设的职能机构，培养企业文化建设的专业人才，发挥内外部专家的作用，运用社会资源对企业文化建设给予支持。

二是信息资源保障。主要是指有利于企业文化传播应用的信息系统和管理平台，能够将企业文化要素以信息化手段储存、应用、推广和传承，使之成为企业发展的宝贵资源。

三是物质资源保障。主要是指保障企业文化建设必要的投入，将企业文化建设所需经费纳入年度预算，采用多种形式给予必要的物质支持。

（六）持续改进

持续改进的目的是实现企业文化建设水平的不断提高，主要包括以下几个方面。

一是总结交流。主要是指总结企业文化建设成果，选树推广典型经验，发现和整改问题，构建企业文化建设交流平台。

二是课题研究。主要是指发挥各级企业文化部门、政研会的作用，围绕企业文化体系建设开展课题研究，促进研究成果的实践应用和推广。

三是知识更新。主要是指通过举办企业文化建设培训，建设各级各类学习型组织等，探索企业文化建设的规律，在深化认识的基础上推动文化创新。

四是创新提升。主要是指不断深化对企业文化的功能定位、体系构建、职能操作、层级管理、特色实践等方面的认识与实践，与时俱进，促进企业文化建设水平不断提升。

| 第七章 |

与时化合

——新时代中国企业文化的结构优化

新时代中国企业文化的结构优化是指根据企业文化由内至外的精神层面、制度层面、行为层面、物质层面四层次结构原理，以工程构想与工程设计的思维方式，在企业文化建设上实施结构性整体推进。

文化是一个内容和含义极其宽泛、复杂的概念，在现实生活中，人们的视野所及绝大多数是文化事物，真可以说是无所不在、交错纷呈，但也并不是杂乱无章，而是层次分明、互相调适、井然有序的，并且在长期的社会历史发展过程中形成了自己的结构，各结构要素之间既对立又统一，不断地互相适应，互相牵制，互相促进，共同发展。虽然不同时代、不同民族的文化各具特色，但其结构形式大体是一致的，即由内至外的精神、制度、行为、物质四个层面。习近平总书记在党的十九大报告中指出："要把坚定理想信念作为党的思想建设的首要任务，教育引导全党牢记党的宗旨，挺起共产党人的精神脊梁，解决好世界观、人生观、价值观这个'总开关'问题，自觉做共产主义远大理想和中国特色社会主义共同理想的坚定信仰者和忠实实践者。"因此，要建设新时代中国企业文化，必须按照习近平总书记所要求的，首先从企业文化的精神层面这个"总开关"开始，由内向外地绘制好新时代中国企业文化建设的"结构图"，进一步明确企业文化的构成形式和层次关系，厘清企业文化各要素之间的时空顺序、主次地位与结合方式，从而形成新时代中国企业文化的精神、制度、行为、物质四个层面的文化形态。

企业文化结构的各个组成部分的搭配和排列，表明其各个组成部分的关系及相互影响。我们知道，结构具有整体性、转换性和自律性三个特征。整体性，即结构是按一定组合规则构成的整体。转换性又称同构性，即结构中的各个成分可按一定规则互相替换，而并不改变结构本身。自律性，即组成结构的各个成分互相制约、互为条件，而不受任何外部因素的影响。

现代西方哲学的结构主义流派认为，表层结构是现象的外部关系，人们凭感觉可以认识它。深层结构是现象的内部关系，人们凭感觉无法认识它，只能通过理智模式才能认识。因此，实施新时代中国企业文化的结构优化，必须从企业文化的独特性中找出各个组成部分的关系及相互影响，使我们更清楚地了解企业文化作为一个有机整体与其各部分之间的关系，更深入地对企业文化各个具体内容进行研究，从而在整体上把握企业文化，使其功能和作用能够更充分地得到发挥。

精神层面的结构优化

精神层面是企业文化的核心结构，主要由企业文化中的企业哲学、企业价值观、企业道德、企业精神等企业的意识活动组成。这是企业文化最核心的结构层次，是企业文化生成的源泉，是结构中的稳定因素。企业文化中最受社会、政治、经济、文化影响的就是结构的精神层面。就像大树的根须吸收水分能决定树的生长一样。一旦扎下了根，树就会慢慢成长，处于比较稳定的状态。企业文化结构的精神层面是企业文化的决定因素，有什么样的精神层面，就会有什么样的制度层面、行为层面和物质层面。

当前，进行新时代中国企业文化精神层面的结构优化应做到以下几点。

第一，要注重企业哲学对企业文化精神层面的引领。企业哲学是企业最高层次的文化，是企业中各种活动规律的正确反映，并主导着企业文化其他内容的发展方向。企业哲学主导企业文化，其根本问题是解决企业中人与人、人与物、人与经济规律的关系问题。这是因为，从哲学的高度把握，人类所处的世界虽然纷繁复杂，生动多样，但归根结底就是两类：物质和精神。人类的活动离不开这两类，企业文化活动同样也离不开这两类。人类的活动，包括企业的各种活动，尽管形形色色、丰富多彩，说到底，所从事的就是认识世界和改造世界这两件事。认识世界是主观反映客观，由物质到精神；改造世界是主观见之于客观，由精神到物质。人类活动的这两件事，都必然要遇到主观和客观的关系，也就是思维和存在、精神和物质的关系问题。所以说，哲学主导企业文化的实践活动，就是不断解决这个问题，并且是在这个矛盾的产生和解决中前进的。马克思曾说过，哲学是“时代精神的精华”。所谓时代精神，就是一定时代的内容的本质特征的表现。一定时代的内容是多方面的，而哲学则是对构成时代内容的所有科学文化知识进行概括、总结和升华，是从总体上把握时代的内容，集中地反映时代的本质特征，从而体现了时代精神的精华。建设新时代的中国企业文化，最首要的就是要把企业哲学作为企业的价值“导航仪”，以其特有的思维方式，把中国特色社会主义进入新时代的本质特征和精华要素有序地组织起来，并推动它们按照一定的程序、方式和方法进行企业精神层面上的吸纳和创造活动。因此，注重企业哲学对企业文化精神层面的引领，必须要做到以下几点。一是要以马克思主义哲学和习近平新时代中国特色社会主义思想为指导，树立正确的世界观和方法论，深刻认识和探索、把握新时代中国企业文化建设的特点和规律。二是着眼于培养企业家的哲学思想，以崇高的思想境界和人格魅力，激活员工的思想，激发企业的活力。三是要学习、掌握、认识和实践辩证关系的原理，坚持实践第一的观点，坚持理论同实践相结合，注重学习和研究，不断推进在新时代企业文化实践基础上的理论创新。四是在企业文化建设中要坚持学哲学、用哲学，发挥哲学统摄一切灵魂的作用，构建企业特有的精神世界和员工的精神家园。

第二，要注重企业核心价值观在企业文化精神层面的根植。价值观是关于事物价值的看法、观念，是指人们对客观对象的意义、重要性的总看法、总观念，是对客观事物的总评价。企业核心价值观是以企业家价值观为主导、以企业员工价值认同为基础的企业核心价值观念。企业核心价值观是企业文化的核心，它决定和影响着企业存在的意义和目的，规定着企业各项规章制度的价值和作用，确定了企业中人的各种行为和企业利益的关系，为企业的生存发展和员工的共同行为提供基本的方向和行动指南。习近平总书记曾指出：“一个民族、一个国家的核心价值观必须同这个民族、这个国家的历史文化相契合，同这个民族、这个国家的人民正在进行的奋斗相结合，同这个民族、这个国家需要解决的时代问题相适应。”因此，要注重企业核心价值观在企业文化精神层面的根植，必须做到以下几点。一是要以社会主义核心价值观为指引，真正建立具有新时代本质特征的企业核心价值观，表明企业的根本追求，并以此重构企业的核心价值体系，确立新时代企业发展的价值坐标。二是以中国梦为引领，用企业核心价值观主导和支配企业文化建设的各个要素，正确处理企业与客户、企业与员工、企业与股东、企业与社会、企业与自然的关系，体现企业和员工的时代精神风貌。三是要把企业核心价值观制度化、标准化、流程化，统领企业发展战略，主导企业生产经营和管理，使其真正成为企业家和企业员工在工作和生活中应遵循的原则和理想信仰。四是要把企业的核心价值观日常化、具体化、形象化、生活化，内化为精神追求，外化为实际行动，知行合一，在落细、落小、落实上下功夫，使企业每一名员工都能从内心感知它、领悟它。

第三，要注重企业精神对企业文化精神层面的支撑。企业精神是在优秀企业文化的基础上，由企业及员工共同形成的理想目标、价值追求、意志品质和行动准则的凝聚，是优秀企业文化的高度浓缩和集中反映。作为企业文化精神层面的企业精神，必须是优秀的、符合时代潮流的、能够被社会和企业及员工认同的、具有旺盛生命力的，是必须通过企业家和企业员工自己几年、十几年，乃至几十年的奋斗实践，用汗水甚至是鲜血共同凝聚而成的，是企业家和企业员工共同尊奉的信仰和追求成功的坚定信念。习近平曾指出：“中国人民在长期奋斗中培育、继承、发展起来的伟大民族精神，为中国发展和人类文明进步提供了强大精神动力。”并特别强调“中国人民具有伟大创造精神、伟大奋斗精神、伟大团结精神、伟大梦想精神”。而这“四个伟大精神”正是新时代企业文化必不可少的精神内涵，是新时代企业文化精神层面的重要支撑因素。因此，注重企业精神对企业文化精神层面的支撑，必须要做到以下几点。一是要深刻学习认识习近平总书记关于“四个伟大精神”的重要论述的时代意义，领会其深沉的意蕴和丰厚的内涵，并将其植根于新时代企业精神之中，为新时代企业文化精神层面注入新的伟大元素。二是将“四个伟大精神”化为新时代企业精神的特殊基因，成为新时代企业精神的本质内涵和标志性特征，对企业产生巨大的凝聚、导向、激励、控制和辐射作用。三是要将“四个伟大精神”与大力弘扬以爱国主义为核心的民族精神和以改革创新为核心的时代精神紧密结合起来，最大限度地挖掘和释放企业和员工中蕴藏的积极性、智慧和创造力，成为企业和员工永不断裂的精神纽带。四是将“四个伟大精神”变为企业最执着的追求、最坚实的底气、最强大的动力，勇于创造、敢于奋斗、精诚团结、坚定梦想，在实现中华民族伟大复兴的征程中，打造新时代企业文化的精神高地。

第四，要注重企业道德对企业文化精神层面的培育。企业道德是一种意识形态，是企业在发展中因适应自身和社会的需求自然产生的。企业道德是企业文化精神层面不可或缺的重要内容，是以善与恶、公正与偏私、诚实与虚伪、正义和非正义评价为标准，以社会舆论、传统习惯和内心信念来维持，是企业道德原则、道德规范和道德活动的总和。习近平总书记曾指出："国无德不兴，人无德不立。必须加强全社会的思想道德建设，激发人们形成善良的道德意愿、道德情感，培育正确的道德判断和道德责任，提高道德实践能力，尤其是自觉践行能力，引导人们向往和追求讲道德、尊道德、守道德的生活，形成向上的力量、向善的力量。"企业道德是社会道德的重要组成部分，是社会道德在企业行为中的具体体现。企业若无德则寸步难行。因此，注重企业道德在企业文化精神层面的培育，必须要做到以下几点。一是以新时代企业哲学、企业核心价值观、企业精神等塑造企业道德观念，树立正确的历史观、民族观、国家观、社会观，遵纪守法，依法生产，合规经营，诚实守信，保质保量，公平竞争。二是要深入结合国家公民道德建设工程，在企业大力推进社会公德、职业道德、家庭美德、个人品德建设，强化企业的社会责任意识、法规意识、诚信意识、奉献意识，做一个有道德的企业。三是制订新时代企业道德准则和职业道德规范，正确处理好企业与客户、企业与员工、员工与员工、企业与社会之间的关系，不断提高企业员工的思想觉悟、道德水准、文明素养，提高企业的道德文明程度。四是要企业领导身体力行、率先垂范，珍重自己的人格、珍爱企业的声誉、珍惜社会的形象，以强烈的道德责任感，带领员工热爱本职工作，忠于职守；遵纪守法，诚实劳动；勤奋学习，钻研业务；通力协作，互相帮助；吃苦耐劳，勇于创新。

制度层面的结构优化

制度层面是企业文化的基础结构，是企业文化精神层面的制度性固化，一般指反映企业文化精神层面内在要求的企业规章制度或管理制度，是企业哲学、企业核心价值观、企业精神和企业道德作用于企业战略、生产、经营、管理，以及为规范企业与员工行为而制订的包括政策、条例、规章、措施等各项制度的总和。

当前，进行新时代中国企业文化制度层面的结构优化，应做到以下几点。

一是把握好企业文化精神层面与制度层面的辩证统一关系。精神层面是企业文化结构的核心支撑，而制度层面则是企业文化结构的关键支撑。一方面，我们要把企业文化精神层面的哲学、核心价值观、精神、道德等转换为企业制度，通过企业制度主导企业的战略、生产、经营、管理和规范企业与员工行为的作用，最后生成文化。另一方面，企业各项规章制度是企业文化精神层面的反映，所承载的是企业的信仰信念、价值追求和精神道德，是企业文化精神内涵的制度化体现。总之，精神层面决定制度层面，而制度层面则反作用并制约精神层面。

二是把握好企业文化与企业制度辩证统一的关系。一方面，企业文化是由企业精神、制度、行为和物质四个层面构成的，虽然企业制度只是企业文化整体结构中的一个组成部分，但如果没有企业制度就无法构成企业文化的行为和物质层面，也就不能成为企业文化了。另一方面，企业制度不仅只反映企业文化精神层面的内涵，而且也反映企业文化整个要素体系的内涵和要求，例如，企业文化的理念体系、行为规范体系、视觉识别体系、职能文化建设体系等都必须以企业制度作为承载和转换，方能产生企业文化的导向力、凝聚力和创造力。

三是把握好企业文化制度建设与企业制度建设的辩证统一关系。企业文化制度建设是指企业文化自身的制度建设，例如企业文化的计划规划、组织领导、运行机制、宣贯载体、资源保障、持续改进等制度建设。一方面，企业文化制度也是企业制度，是企业制度体系的有机组成部分，与企业战略、生产、经营、管理等制度相辅相成，也应遵循和把握制度建设的一般规律，体现出制度的权威性、强制性、稳定性、变动性、群众性、有限性等特点，从而保障企业文化建设的顺利进行。另一方面，企业制度实际上是企业文化规范性的反映，所承载的本身就是企业文化的内容，也是衡量企业文化的一个重要尺度。因而，企业文化作用于企业制度的程度及企业制度的建设水平，直接影响着企业文化制度建设，增强或者是减弱企业文化作用的发挥。

四是把握好企业文化创新与企业制度创新的辩证统一关系。企业制度归根结底受企业文化价值理念的驱动与制约。企业制度的形成与变化均源于企业文化的核心价值需求。一方面，企业文化创新是企业制度创新的前提。这是因为，企业文化创新首先是价值理念的创新，新的企业价值理念必然要求修改或制订与此相适应的企业制度，通过制度创新改变企业及员工的行为方式，以创造新的价值。另一方面，企业制度创新是企业文化创新的保证。这是因为，对企业文化新的价值理念的认知和理解的不同，会出现截然不同的制度创新效果。因而，企业制度创新必须依据和符合企业文化创新的价值“规矩”，否则，就难成其“方圆”，无法实现企业文化创新。

行为层面的结构优化

行为层面是企业文化的关键结构，是指企业及员工受企业哲学、核心价值观、精神、道德等精神层面的影响，由企业制度支配而表现出的行为及行为方式，是企业文化精神层面和制度层面的动态体现。

当前，进行新时代中国企业文化行为层面的结构优化，应重点做好两方面的工作。

一方面，要以企业文化精神层面和制度层面优化企业行为。一是优化企业的经济行为。一个具有优秀精神层面和制度层面的企业文化必然具有正确的价值取向和行为准则，绝不会简单地重述“企业是一个谋利组织”的一般定义，必然极端排斥这样的观念和原则：企业全部经营活动、所有活动的出发点都是为了千方百计、挖空心思地赚钱。倘若一个企业就是一味地、不择手段地赚钱，必然成为一个不受社会欢迎的“经济动物”，必然终日被充满了算计和铜臭味的气氛所笼罩，那么，无论其一时何等繁荣，终会因内外环境的“恶化”而走上绝路。因而，企业必须清楚地知道，要想在社会中存续，体现它的精神与制度追求的行为只有一个，那就是创造顾客、市场和需求，实现企业经济价值和社会价值创造的有机统一。二是优化企业的社会行为。企业是国家、社会和社区的一个集团公民，因此，它对社会发展负有不可推卸的责任。一个具有优秀精神层面和制度层面的企业文化，它所体现的积极、健康、有效的行为，都会确认并积极处理企业生产经营活动所造成的社会影响，正视并确定对这种影响所负有的责任；都会确认社会问题的存在并积极参与社会问题的解决，把社会问题视为企业发展的机会，既满足社会的需要，又为企业发展奠定基础；都会通过企业正确的社会价值取向使企业既肩负起更多的社会责任，又获得一个日益改善、日渐完美的社会环境。三是优化企业的政治行为。企业的经济问题、社会问题和政治问题从来就没有一条不可逾越的鸿沟。一些问题在一定的社会历史条件下作为焦点问题，就会酿成政治危机。一个具有优秀精神层面和制度层面的企业文化，愈是向更高层次方向发展，愈是把企业的政治担当作为企业发展的机会和责任，面对人权、法律、合规、诚信、质量、环保、慈善、廉洁等一系列问题，有着坚定的政治信仰和坚守。

另一方面，要以企业文化精神层面和制度层面优化企业主体行为。一是优化企业家的行为。这是企业文化的决定性主导行为。一个具有优秀精神层面和制度层面的企业文化，一定会有一位优秀的企业家，他具有敏锐的文化洞察意识和行为整合能力、文化自觉意识和行为引导能力、文化创新意识和行为培养能力，不断地提高企业的文化水平和员工的文化素质。二是优化企业管理层（干部）的群体行为。企业管理层（干部）是企业文化的核心整体，是企业组织和制度的人格化。一个具有优秀精神层面和制度层面的企业文化，必然要求企业管理层（干部）按照自身的职务和责任要求，把企业精神层面与企业制度层面有机地统一起来，以身作则地引导员工，积极培养和树立英模人物，营造良好的文化环境，促进员工行为的不断改善。三是优化企业的英模人物。一个具有优秀精神层面和制度层面的企业文化，最受人尊重的就是那些集中地体现了企业核心价值追求的英模人物。这些英模人物是企业员工学习的榜样，他们的行为常常被作为企业员工仿效的行为规范。四是企业员工的群体行为。企业员工是企业的主体，企业员工的群体行为是企业文化行为的主体动力。企业员工的群体行为反映了企业文化的先进程度，是企业行为的基础。一个具有优秀精神层面和制度层面的企业文化，都懂得在培养员工行为时，只有充分发挥员工的价值，尊重他们的意愿，他们才能在岗位上展示自己的才华，使自己的行动有目标，行为有能力，愿意与企业分享价值、分担风险、共享成果、集体行动一致；都懂得员工群体行为的动力来自企业文化的和谐，员工愿意将团队和企业的目标置于自己的目标之上，愿意分享成功、荣誉与失败，愿意为组织作用发挥到最佳状态而牺牲自我；都懂得要使员工行为自觉，只有当员工认同集体的目标和员工个人的目标相互吻合，使员工体验到在共同工作中的自身价值时，就会认为企业是实现自我创造力的有效场所，并自觉地行动起来。

物质层面的结构优化

物质层面是企业文化的重要结构，是企业文化精神层面、制度层面和行为层面的外在表现和价值体现，主要包括企业的技术、设备、材料、产品、服务、工作和生活环境等。物质层面是企业文化结构最表层的部分，是人们直接可以感受到的，是从直观上把握不同企业文化的依据。就好比栽什么树开什么花、结什么果一样，物质层面以其结构的表层形式体现精神层面、制度层面和行为层面的内涵和特色。

当前，进行新时代中国企业文化物质层面的结构优化，应做到以下几点。

第一，要重视物质层面的企业文化的终极实现。我们知道，企业文化物质层面受企业文化精神层面、制度层面、行为层面的制约与影响，是企业文化精神层面、制度层面、行为层面相互关联、逐层作用的器物形态，表现为一种物质形态的表层企业文化现象。因此，进行企业文化物质层面的结构优化，应由内向外，从精神、制度、行为、物质四个层面逐级拓展，最终体现为企业的价值创造和企业文化实现的全过程。

第二，要重视物质层面的企业文化的价值体现。一方面，要重视在企业发展物质层面的企业文化价值体现，用企业文化精神、制度、行为力打造企业的核心竞争力，不断改变企业的技术、设备、环境、生活保障等物质条件，为持续增强企业可持续发展的能力提供坚实的基础。另一方面，要重视在企业员工成长物质层面的企业文化价值体现，要坚持以人为本，把充分尊重和保障企业员工的合法权益作为企业文化物质层面结构优化的前提，不仅要把员工作为企业文化的主体，更要把员工作为企业的主人，不断提高员工的工资水平和物质待遇，不断改善员工生产生活的环境和条件，使员工在为企业创造价值的同时能够分享价值成果，最大限度地激发员工的热情、开发员工的潜能、调动员工的积极性和创造性，让员工在企业有获得感、成就感和幸福感，最终实现企业与员工共同进步、共同发展。

第三，要重视物质层面的企业文化的力量展现。物质层面的企业文化力量展现应突出五个方面的重点：一是要积极打造和创新企业的核心技术，尤其是具有核心竞争力的新技术；二是要加速实现企业设备设施的现代化，创造良好的生产条件；三是不断开发和应用新材料、新工艺，充分应对日益激烈的市场竞争；四是不断生产和提供高品质的产品和服务，为客户带来附加利益和心理上的满足感及信任感；五是积极改变和营造良好的企业环境，如企业外部的政治环境、社会环境、经营环境和企业内部的生产环境、组织环境、人文环境等。

第四，要重视物质层面的企业文化的形象呈现。物质层面的企业文化形象呈现应注意把握好以下五个方面：一是着力打造企业的品牌形象，以其特有的设计、商标、包装、外观和质量信誉赢得顾客和社会的认可；二是大力塑造良好的企业社会责任形象，遵守社会公德，积极开展公益事业，不断提升企业的知名度、信誉度和美誉度；三是要重视企业的司标、司旗、司徽、服装、信笺、徽章、印刷品等 VI（视觉识别系统）要素的精心设计和制作应用，使其视觉识别系统充分体现出企业文化的精神内涵和个性特色；四是高度重视企业员工日常文体活动的开展，为员工配备开展文体活动所需要的各种设施器材。五是积极建立和完善电视、广播、报纸、杂志、网站、微信等企业文化传播载体，丰富员工的精神生活，促进员工的学习成长。

第八章

厚德载物

——新时代中国企业文化的载体创新

我们知道，劳动创造了人类本身，人类通过劳动也创造了文化。文化是人类生存和历史发展的表现。人类的劳动作用于自然界，形成物质文化；作用于社会，形成制度文化；作用于人类自身，形成精神文化；作用于企业经济，形成企业文化。不论哪一种文化，都是附着在一定的载体之上的。

众所周知，载体是指能传递能量或承载其他物质的物质，也泛指一切能够承载其他事物的事物。企业文化也不是无源之水、无本之木、空中楼阁，它也是在一定载体上的表现形式，也是附着在其特定的文化载体之上的。企业文化的载体可分为四大类：主体载体、组织载体、制度载体、物质载体。新时代中国企业文化的载体创新，主要是指对企业文化赖以存在和发挥作用的主体载体、组织载体、制度载体、物质载体的传承优化和创新提升，以新的载体结构、形式和手段，承载企业文化，作用于企业和员工的价值观念、思想情感、精神态度、行为方式和价值创造。

主体载体创新

企业文化载体创新，一定要紧紧抓住人这个企业文化建设最本质、最活跃的载体。我们知道，每一个人周围的世界都是一个由文化积累而形成的世界，而物质的世界又是文化的载体。传承和积累是文化的生命，每一个时代的文化都必须进行传承和积累，而传承和积累离不开文化载体。我们说人是文化的载体，也就是说，人可以把自身和前人所创造的文化一代一代地传递下去，使文化成为一个滔滔不绝的河流。

在企业文化的载体中，人作为主要载体，能够作用于组织载体、制度载体和物质载体。习近平总书记在党的十九大报告中特别强调："要提高人民思想觉悟、道德水准、文明素养，提高全社会文明程度。"我们必须看到，人既是企业文化建设的客体，也是企业文化建设的主体；既是企业文化建设的最大优势，也是企业文化建设的最大难题；既是企业文化载体中最本质、最活跃的载体，也是企业文化的终极目的——造就“人”。因此，加强企业文化主体载体创新，必须要坚持以人为本，深刻认识到人心所想就是企业文化之源，人心所聚就是企业文化之根，人心所向就是企业文化之路，突出“三以三重”的创新。

关于突出“三以”方面的创新。

一是注重在“以人为本”方面的创新。在“以人为本”的基础上，着眼于新时代企业发展的需要，注重企业员工文化素质和能力的全面提升，积极倡导以奋斗者为本，把奋斗者作为新时代企业文化主体载体创新的出发点和落脚点，让奋斗者在企业文化建设当中占主体地位，不仅让企业文化建设接“地气”、有“人气”，还要让员工有志气、有勇气。

二是注重在“以文化人”方面的创新。要坚持“以文化人”，在知行合一上狠下功夫，把“尊为制、育为本、管为主、教为先、情为结、享为果”作为企业文化主体载体创新的立足点和关键点，化文化于管理、化理念于行动、化精神于物质、化无形于有形，加强对员工的思想教育和行为管理，培养员工的良好修养和行为习惯。

三是注重在“以物感人”方面的创新。要坚持物质决定精神、存在决定意识的哲学思维，把企业每一名员工的存在感、归属感、获得感、成就感、幸福感作为企业文化主体载体创新的切入点和着力点，让企业员工在参与企业文化建设的过程中能够享受到企业文化建设的成果，使员工能够与企业同进步、共成长，最终成就并分享国家富强、民族振兴、人民幸福的中国梦。

关于突出“三重”方面的创新。

第一个重点是企业家和企业领导者。企业文化从某种意义上讲是企业家和企业领导者的文化。企业家和企业领导者的文化观念、思维方式、经营思想等无时无刻不对企业和员工的思想、态度、行为等起着潜移默化的影响作用，对企业的创建和发展起着关键性作用。因此，进行新时代企业文化主体载体创新，企业家和企业领导者是首要因素和关键因素。必须大力培养企业家和企业领导者爱国敬业、遵纪守法、艰苦奋斗的精神，树立崇高理想信念，正确处理国家利益、企业利益、员工利益和个人利益的关系；自觉遵纪守法，讲求诚信，争做社会表率；自强不息、勤俭节约，居安思危、谦虚谨慎，保持健康向上的生活情趣；大胆创新、专注品质、追求卓越，不断开拓进取、拼搏奋进，争创一流企业、一流管理、一流产品、一流服务和一流企业文化，培育发展壮大更多具有国际影响力的领军企业。

第二个重点是企业英模。企业英模人物是指企业的英雄模范人物，是中国企业文化特有的文化符号。2013 年 4 月 28 日，习近平总书记在同全国劳动模范代表座谈时指出："必须大力弘扬劳模精神、发挥劳模作用。榜样的力量是无穷的。劳动模范是民族的精英、人民的楷模。"因此，进行新时代企业文化主体载体创新，必须按照习近平总书记的要求，把企业英模作为极为宝贵的精神财富，大力宣传和弘扬"爱岗敬业、争创一流，艰苦奋斗、勇于创新，淡泊名利、甘于奉献"的劳模精神，不断丰富企业文化的民族精神和时代精神的内涵，培养企业英模、宣传企业英模、发挥企业英模人物的作用，激励广大企业员工向英模学习，不断增强历史使命感和责任感，立足本职、胸怀全局，自觉把人生理想、家庭幸福融入企业发展、国家富强、民族复兴的伟业之中，把个人梦与企业梦、中国梦紧密联系在一起，以主人翁的姿态为企业和中国特色社会主义作贡献。

第三个重点是企业人力资源的开发。人力资源是指一定时期内企业中的人所拥有的能够被企业所用，且对价值创造起贡献作用的教育、能力、技能、经验、体力等的总称，是企业一切资源中最宝贵的资源。企业人力资源的最基本方面，包括体力和智力，从企业现实应用的状态来讲，主要包括体质、智力、知识、技能四个方面。习近平总书记曾指出："我国是一个人力资源大国，也是一个智力资源大国，我国十三亿多人大脑中蕴藏的智慧资源是最可宝贵的。知识就是力量，人才就是未来。"因此，要注意做到"四最"，即最大限度地用企业文化对员工的心理、思想及行为进行积极的诱导、协调和控制，充分发挥企业员工的能动性和创造性，形成观念一致、思想进步、感情融洽、行动协调的良性循环局面；最大限度地整合企业资源，科学配置人、财、物等各种要素，重视和发掘人的价值，使企业能够人尽其才，财尽其用，人和物协调配置发挥积极效应；最大限度地开发与管理人力资源，实现人力资源的精干、高效，使员工的积极性和潜能得以充分发挥；最大限度地培养造就人数众多、结构合理、素质优良的创新型科技人才，在创新实践中发现人才，在创新活动中培育人才，在创新事业中凝聚人才，增大企业发展后劲。

组织载体创新

企业文化载体创新一定要紧紧抓住组织这个企业文化最核心、最关键的载体。组织不是简单的一群人的聚合，而是为实现某种共同目标，由一定关系和联系方式结合起来，通过管理而形成的具有特定功能的人群协作系统。

在企业文化建设中，企业组织是联系社会文化、民族文化与企业文化的中介，它既反映了社会文化、民族文化的基本性质，又有着独特的生成过程，它根据自身需要，在吸收、容纳社会文化、民族文化的基础上，通过对其内部成员进行文化整合和长期积累，形成了一种个性化的企业文化。社会文化、民族文化对企业文化的影响和企业文化对社会文化的反作用，都是通过组织这一中介来完成的。习近平总书记在党的十九大报告中指出："要以提升组织力为重点，突出政治功能，把企业、农村、机关、学校、科研院所、街道社区、社会组织等基层党组织建设成为宣传党的主张、贯彻党的决定、领导基层治理、团结动员群众、推动改革发展的坚强战斗堡垒。"我们必须看到，习近平总书记把企业排在加强基层组织建设的第一位，既是对企业党组织提出的新要求，也是对企业文化组织载体创新提出的新要求，企业理应积极作为，从三个方面加大创新和优化企业文化组织载体的力度，争取突破性进展。

第一，要以企业文化核心理念的重构为出发点，实施企业文化组织载体创新。企业组织文化是企业组织成员的理念、行为和形象的有机统一并通过长期积淀而形成的一种组织生态，企业的组织目标、任务、架构及职能是企业文化发挥作用的关键性载体。习近平总书记在参加党的十八大上海代表团讨论时就曾指出："党的十八大主题，简明而又鲜明地向党内外、国内外宣示了我们党将举什么旗、走什么路、以什么样的精神状态、朝着什么样的目标继续前进这 4 个关系党和国家工作全局的重大问题。”实际上，不论什么样的组织都有一个“举什么旗、走什么路、以什么样的精神状态、朝着什么样的目标继续前进”的全局性重大问题。对于企业来讲，举什么旗，就是企业的使命；走什么路，就是企业的核心价值观；以什么样的精神状态，就是企业精神；朝着什么样的目标继续前进，就是企业的愿景。2017 年 7 月 26 日，习近平总书记在省部级主要领导干部“学习习近平总书记重要讲话精神，迎接党的十九大”专题研讨班开班式上又再次特别强调：“我们党要明确宣示举什么旗、走什么路、以什么样的精神状态、担负什么样的历史使命、实现什么样的奋斗目标。”因此，实施企业文化组织载体的创新，特别是对正在进行的企业合并重组、混合所有制改革、军民融合等企业，首当其冲的就是要重构企业的使命、愿景、核心价值观和精神等企业文化核心理念，并以此为出发点，进一步优化组织结构、完善组织职能、提升组织效应，即进一步明确建设中国特色社会主义先进文化是企业的崇高使命和责任担当，为企业打上属于自己特有的身份标签，彰显企业存在的价值和意义，勇于负责，有所作为；进一步明确实现中华民族伟大复兴的中国梦应是企业和员工共同追求的具有挑战性的远大目标和宏伟蓝图，并以此唤起企业所有员工的使命感、责任感和光荣感；进一步明确社会主义核心价值观是企业必需的核心价值取向，是企业一切思想和行为的判断准则，并以此规范企业各级组织的行为和形象，进而影响和带动全社会的进步；进一步明确以爱国主义为核心的民族精神和以改革创新为核心的时代精神作为企业的一种特殊的生命基因和精神支柱，是企业及员工彼此共鸣的内心态度、坚忍不拔的意志状态和不断创新进取的思想境界。

第二，要以企业组织要素为切入点，实施企业文化组织载体创新。企业组织要素是构成组织的具体成分，是形成组织的基础。没有这些要素，组织也就不可能存在。一是以企业愿景统一企业组织的目标要素，并分解成各类、各层次的组织机构目标和工作岗位目标，以此规定整个组织的运行方向和在一定时期内所要达到的工作结果，从本质上反映企业文化功能的要求。二是不断提升组织的观念和文化素养，充分发挥人在组织中的能动作用。三是以企业使命确立组织职位、职责和职权，各司其职、各负其责。四是以企业的核心价值体系调整企业组织关系。所谓企业组织关系，是指企业组织中要素与要素、要素与组织整体、组织与环境之间的各种联系。企业核心价值体系就像一个无形的纽带，紧紧地把组织中各要素联结成为一个有机整体，从而形成一个整体的力量。

第三，要以企业文化功能作用于企业组织功能为着力点，实施企业文化组织载体创新。不论是什么样的企业组织都具有一定的功能、发挥一定的作用、完成一定的任务，否则就没有建立组织的必要。组织的功能虽然要通过组织与外部环境的相互作用表现出来，但本质上是组织本身所固有的能力，产生于组织内部，是组织内部成分相互作用的结果。由于不同的组织具有不同的组成部分，而不同的组成成分又有不同的相互作用方式，所以，不同的组织就有不同的功能。企业的文化功能作用于企业组织功能，主要是指企业文化的导向功能、培育功能、激励功能、凝聚功能、创新功能等作用于企业组织，体现出以下几方面的功能作用。一是彰显员工个人在企业的存在价值，优化组织各个成员分工协作的关系，注重对员工的教育培养，显示对人力资源的整合提升作用。二是建立和完善组织制度和组织纪律，严格管理，实施科学、合理的奖惩制度，显示对员工行为的规范作用。三是重视企业员工的物质和精神需求，关注员工行为的出发点和动力，显示企业关心、关爱员工的组织凝聚作用。

制度载体创新

企业文化载体创新一定要紧紧抓住制度这个企业文化最基本、最主要的载体。企业文化制度载体创新与企业文化结构制度层面的优化可谓是异曲同工，只是角度不同而已。众所周知，中国特色社会主义制度是中国共产党领导中国人民在马克思主义理论的指导下，遵循人类社会的发展规律，从中国具体国情出发，经过艰难曲折的持续探索形成和发展起来的。因此，加强企业文化制度载体的创新，应以中国特色社会主义制度为根本，以社会主义核心价值观为支撑，以中国特色社会主义文化为引领，深刻学习和理解习近平总书记在党的十九大报告中关于“必须坚持和完善中国特色社会主义制度，不断推进国家治理体系和治理能力现代化，坚决破除一切不合时宜的思想观念和体制机制弊端，突破利益固化的藩篱，吸收人类文明有益成果，构建系统完备、科学规范、运行有效的制度体系，充分发挥我国社会主义制度优越性”的要求，结合企业实际和未来发展需要，全面创新企业文化的制度体系。

首先，要正确认识企业文化结构制度层面与企业文化制度载体之间的关系，在企业文化制度载体的定位上进行创新。企业文化结构的制度层面是企业文化整体结构的一个有机组成部分，是企业文化形成的关键环节和不可逾越的过程，也是联结企业文化精神层面与行为层面的“桥梁”。企业文化制度载体是企业文化四大载体之一，是围绕企业文化核心内涵建构的存在物，以统一明确的价值观引导、规范、影响企业与员工的行为。因此，要区分企业文化结构制度层面与企业文化制度载体的不同概念及作用特点，认识到企业文化制度载体并不是一个孤立的载体，而是并联并作用于主体载体、组织载体和物质载体之中，进而对企业文化制度载体进行准确定位。

其次，要正确认识企业文化制度载体实质上是企业的价值判断与作用体系，在企业文化制度载体的源头上进行创新。制度的规范、调节功能不是静态的、僵硬的、死板的，而是动态的、灵活的、变化的。但是，制度的变化并不是源自自身的主动，而是被动的、受引导和制约的，其源头就是企业价值观念的变化。因此，实施企业文化制度载体创新，必须首先是企业核心价值观和企业核心价值体系的创新，没有企业核心价值观和企业核心价值体系的创新，就不可能有企业文化制度载体的创新。

再次，要正确认识企业文化制度载体的特点和形成规律，在企业文化制度载体的作用上进行创新。制度是一个随着集体、社会的产生而产生的概念，是以价值判断设定的制约和规则，处理人们的相互关系、协调交易、分配权益等，以有效的执行力为前提。没有执行或无法执行的制度不是真正的制度，因此，实施企业文化制度载体创新，必须以企业统一的价值观为标尺，设计、衡量和打造企业文化制度载体，将企业文化理念、行为规范和形象识别等要素制度化，再通过制度的引导性、约束性、激励性、规范性和程序性等功能作用，实现企业文化“以文化人”之效应。

物质载体创新

企业文化载体创新一定要紧紧抓住物质这个企业文化最基础、最重要的载体。企业文化的物质载体是指企业文化赖以存在和发挥作用的物化形态。主要有以下几类。

一是生产资料。它包括建筑物、机器工具、设备设施、原料燃料等。这些是企业直接生产力的实体，是企业进行生产经营活动的物质基础，它标志着人类文明进化的程度，是社会进步程度的“指示器”。

二是企业的产品。企业不仅通过有目的的具体劳动，把意识中的许多表象变为具有实际效用的物品，更重要的是在这一过程中，不时地按照一种文化心理来塑造自己的产品，使产品的使用价值从一开始就蕴含着一定的文化价值。

三是企业名称和企业象征物。企业名称和企业象征物都是企业文化的可视性象征之一，充分体现了企业的文化个性。企业名称和企业象征物还是企业作为一种文明、智慧、进步的结晶奉献给社会，显示企业的文化风格。

四是企业对员工素质形成的实体手段。这些实体手段是企业对员工在生产经营活动中的劳动所建立起来的必要的保健、卫生、安全等设施；对员工提高文化知识、科学技术素质所建立起来的必要的技术培训、职业教育、文化教育等设施，等等。

企业文化的物质载体是企业文化载体的重要组成部分，是企业文化赖以存在的物质基础，不仅反映了企业文化的内容，还是企业文化先进与否的重要标志。企业文化的物质载体是客观存在的，先进的企业文化会促进企业文化物质载体的创新与提升，落后的企业文化往往会限制企业文化物质载体的进步与发展。

习近平总书记在党的十九大报告中指出：“中国特色社会主义进入新时代，意味着近代以来久经磨难的中华民族迎来了从站起来、富起来到强起来的伟大飞跃，迎来了实现中华民族伟大复兴的光明前景；意味着科学社会主义在二十一世纪的中国焕发出强大生机活力，在世界上高高举起了中国特色社会主义伟大旗帜；意味着中国特色社会主义道路、理论、制度、文化不断发展，拓展了发展中国家走向现代化的途径，给世界上那些既希望加快发展又希望保持自身独立性的国家和民族提供了全新选择，为解决人类问题贡献了中国智慧和中国方案。”习近平总书记这段话实际上指出了中国人民在理想信念、情感观念、目标愿望、思维方式等方面的变化过程，是中国特色社会主义文化自信的重要基础。企业文化的物质载体也是中国特色社会主义文化载体的重要组成部分，是中国特色社会主义文化赖以存在的物质基础之一，不仅要反映中国特色社会主义文化的内容，还要成为中国特色社会主义文化的重要标志。

需要注意的是，企业文化物质载体与企业文化结构的物质层面虽然是两个不同的概念，但其物质载体与物质层面所包括的内容和范围却是相同的。只不过企业文化物质载体是企业文化的物质附着物，是企业文化四大载体之一，是企业文化建设重要的物质基础，反映并反作用于企业文化。而企业文化结构的物质层面则是企业文化的表层结构，是企业文化精神层面、制度层面、行为层面由内向外作用的必然结果，是人们直接可以感受到的固化的企业文化。因此，要区分企业文化物质载体创新与企业文化结构物质层面的优化不同，重点实施以下三个方面的创新。

一是物质载体的核心性创新。企业文化物质载体的核心性创新是指企业核心技术、核心设备、核心生产能力的创新，这是企业文化物质载体中最重要、最核心的创新，既是新时代中国企业文化建设的紧迫要求，也是新时代中国企业义不容辞的责任和使命。我们要以企业文化的理念创新为引领，以企业的科学管理机制为基础，以创新人才队伍为支撑，以营造良好的创新环境为保障，紧紧围绕国家目标，瞄准尖端科技的战略需求，结合企业自身的文化特色与优势，大力开展高起点、高水平、高质量的原创性科技创新活动，争取在基础性、前瞻性和前沿性的科学研究方面尽快实现突破，大大增强中国企业在全世界的核心竞争力。

二是物质载体的品质性创新。企业文化物质载体的品质性创新是指企业品牌产品和品牌服务的创新。我们知道，一个企业的品牌就是一个企业的文化象征，是一个企业的文化经典浓缩，有着丰富的文化含量和附加值，不论是产品的设计、造型、款式、装潢，还是产品的包装、商标、广告，它们都凝结着一定的企业文化素养、个性、精神气质和审美意识。可以说，品牌是企业文化物质载体中最具有文化品质的载体。因此，我们必须聚全力以企业核心价值打造企业品牌价值，尤其是在打造自主品牌上下功夫。

三是物质载体的系统性创新。企业文化物质载体的系统性创新是指从企业的建筑物、机器工具、设备设施、原料燃料到科研、技术、服务、产品，从企业名称、标识、旗帜到员工保健、卫生、安全设施设备，从员工的工资待遇、五险一金到企业工作环境、劳动保护、学习教育培训等，都要体现企业文化的内涵和要求，按照企业的使命和愿景目标进行全方位的创新，缺一不可。因此，我们对企业文化物质载体进行创新不能顾此失彼，要按照企业文化理念的要求，把它作为企业文化建设的一个重要组成部分系统推进，使之成为企业文化先进与否的重要标志，充分彰显中国企业文明进化的程度和水平。

作者曾提出来党和国家要高度重视十个方面的中国特色社会主义文化载体建设，在此，也供大家作为新时代中国企业文化载体创新的参考。

（1）围绕坚定中国道路自信、理论自信、制度自信、文化自信，设计建造“中国梦”雕塑，以此彰显中国特色社会主义文化之魂魄。

（2）围绕奉献给世界新的中国发明、中国创造、中国智慧、中国方案，设计建造“中国丰碑”，以此凝聚中国特色社会主义文化之力量。

（3）围绕人民日益增长的美好生活需要，加快实现“幼有所育、学有所教、劳有所得、病有所医、老有所养、住有所居、弱有所扶”，让中国人充满强烈的自豪感和幸福感，以此形成中国特色社会主义文化之人格。

（4）围绕践行社会主义核心价值观，建立建造着眼公民个人层面的“爱国志”“敬业榜”“诚信录”“友善堂”，以此筑牢中国特色社会主义文化之根基。

（5）围绕弘扬爱国主义和英雄主义精神，全面建立和修缮烈士、先进和模范人物陵园，让英雄无悔，以此表示中国特色社会主义文化之崇敬。

（6）围绕以人为本、尊重生命，让所有国民生活得有尊严，国家为每一个中国国民提供骨灰免费存放纪念堂（馆、场、地），以缅怀先人，寄托哀思，以此传承中国特色社会主义文化之血脉。

（7）围绕促进社会和谐文明、人们礼让友善，科学建立礼仪制度体系和广泛开展礼仪仪式和活动，以此体现中国特色社会主义文化之风范。

（8）围绕中国梦、社会主义核心价值观进行中国特色社会主义主题音乐创作，推陈出新，发展中国民族乐器，以此光华中国特色社会主义文化之特质。

（9）围绕回归增智强体、娱乐消遣、愉悦身心健康的体育活动本质，创新开展中国特色社会主义体育运动，以此突出中国特色社会主义文化之个性。

（10）围绕中华民族从站起来、富起来到强起来的崭新形象，设计推出具有文明古国、世界大国、文化强国范式的中国服装，以此凸显中国特色社会主义文化之底蕴。

| 第九章 |

天生我材必有用

——新时代中国企业文化的功能提升

新时代中国企业文化的功能提升，是指深刻把握新时代中国企业文化的本质内涵和崭新特征，创造性开展企业文化理论创新、体系构建、结构优化和载体创新，在原有的企业文化功能基础上进行整合创新，发掘和打造具有新时代中国企业文化本质特征、符合新时代中国企业需要的企业文化新功能。

习近平总书记曾指出“坚持文化自信是更基础、更广泛、更深厚的自信，是更基本、更深沉、更持久的力量”。习近平总书记深刻地阐述了文化的作用意义和功能要求，也给新时代中国企业文化的功能提升进一步指明了方向，赋予了新时代中国企业文化功能提升的本质和意义，即新时代中国企业文化的功能再造。

我们知道，企业文化的功能就是企业文化发挥的作用与效能。企业文化的功能既满足于企业的现实需求，又作用于企业潜在或未来的需求。企业文化的功能具有双重性，先进和优秀的企业文化功能对企业发展具有积极的作用，落后和不良的企业文化功能对企业发展具有阻碍和破坏作用。企业文化的功能影响和作用于企业是全面的、深刻的，对企业成败的关系极大。优秀的企业之所以优秀，是因为优秀企业文化的功能得到了充分的发挥。

从以往的企业文化功能体系来看，主要有导向功能、凝聚功能、激励功能、约束功能、整合功能、形象塑造及品牌展示功能等，但当前，我们应根据习近平总书记的要求，在企业文化原有的功能基础上，创造性地实施新时代中国企业文化的功能提升。

主导性功能提升

新时代中国企业文化的主导性功能提升，是企业文化核心功能的提升，不同于以往企业文化的导向性功能，是更加具有主体性、主动性、主导性、主控性的企业文化功能，主要体现在对企业发展方向上的主导性，对企业价值体系构建及价值关系处理方面的主导性，对企业全局统筹、全局发展、全局管理方面的主导性。重点在以下三个方面进行功能性提升。

一是在"灵魂"主导方面进行功能提升。所谓"灵魂"主导，就是企业文化在企业的最高地位和不可替代的作用的主导，在企业的总体架构或价值系统中处于首要位置，起到主要引导和关键性决策作用，是企业文化生成和发展的首要条件。其中，企业核心价值观是企业文化"灵魂"主导性功能生成的决定因素；企业发展的现实需要是企业文化"灵魂"主导性功能生成的直接因素；企业家和企业领导人团队的信仰追求是企业文化"灵魂"主导性功能生成的基础因素；企业的价值博弈活动和实践创造是企业文化"灵魂"主导性功能生成的重要因素。尤其是对于国有企业来讲，坚持党的领导、加强党的建设是国有企业"灵魂"中的"灵魂"，要以坚持党的领导、加强党的建设主导企业文化建设，把坚持党的领导、加强党的建设企业文化"化"。

二是在目标主导方面进行功能提升。目标主导是企业文化主导性功能的本质要求，具体体现为企业愿景对企业发展的引领作用。首先，以企业愿景为指引，整合企业资源，制订措施规范，使企业形成一个有着统一目标的行动整体；其次，以企业愿景为企业前进坐标，提升企业决策的正确性和有效性；再次，以企业愿景的叙述和描绘，为企业和员工提供明确的指南，减少误会和矛盾，增强企业文化建设的准确性和可操作性。

三是在价值主导方面进行功能提升。价值主导是对企业整个价值体系的主导，具体体现为企业的核心价值主张，并以此形成企业和员工判断是非、处理事务的根本标准和必须遵循的行为准则，以及在此基础上构建的企业核心价值体系，主导企业正确处理客户、员工、社会、股东及合作伙伴之间的利益关系，尤其是决定着企业能否承担应有的社会责任，如何正确处理企业经济效益与社会效益的关系，确保企业健康、可持续发展。

基础性功能提升

新时代中国企业文化的基础性功能提升，是企业文化基本功能的提升，在企业文化所有功能中处于基础地位，对其他功能的发挥起着制约和决定作用，主要体现在作用于企业文化生成的基础——企业核心价值观。因此，要实施新时代中国企业文化的功能提升，就必须首先从企业核心价值观这个基础性功能进行提升。

我们知道，企业核心价值观是企业价值主张、价值追求、价值创造、价值分享的源泉，是企业构成企业价值体系的核心坐标，是企业一切行为的基本价值准则和信条。习近平总书记曾指出："核心价值观是一个民族赖以维系的精神纽带，是一个国家共同的思想道德基础。""一个国家的文化软实力，从根本上说，取决于其核心价值观的生命力、凝聚力、感召力。"因此，进入新时代的中国企业必须按照习近平总书记的要求，以社会主义核心价值观引领，构建具有新时代特征的企业核心价值观，着力提升企业文化的基础性功能。

一是要建立正确的企业核心价值观，并以此为支点构建企业整体的价值体系，正确处理企业与国家、员工、客户、股东、社会及利益相关者的关系，积极做到以国为重、以人为本，讲求诚信、遵纪守法，注重质量、热心服务，敢于创新、追求卓越，这是提升企业文化基础性功能的前提。

二是要秉承真实的企业核心价值观。没有真实的企业核心价值观，就没有真实的企业文化，更没有企业文化的功能和作用。秉承真实的企业核心价值观最重要的是不能说一套、做一套，其关键在于企业的第一把手及核心领导团队的身体力行、率先垂范，其重点是在一切工作中对企业核心价值观的践行和至高无上的坚守。

三是要注重核心价值观的认知和践行。要按照习近平总书记关于"核心价值观的养成绝非一日之功，要坚持由易到难、由近及远，努力把核心价值观的要求变成日常的行为准则，进而形成自觉奉行的信念理念"的要求，通过教育引导、舆论宣传、实践熏陶、日常养成、制度保障等，使企业核心价值观内化为企业与员工的精神追求，外化为企业与员工的自觉行动。

四是要对企业核心价值观进行考核评价。企业文化从某种意义上讲就是价值观管理。因此，必须要把企业核心价值观制度化、行为化、可视化，把对企业核心价值观的考核评价作为衡量企业文化基础性功能提升的一把"尺子"，明确企业价值主次和轻重的排列次序，校准企业的价值取向和价值追求目标，规范企业和员工的价值追求和行为方式，突出企业有益的价值创造，这是企业文化基础性功能提升的必须。

全面性功能提升

新时代中国企业文化的全面性功能提升，是企业文化主要功能的提升，主要是指企业文化功能所作用的方方面面，是企业文化功能具体的实质性的体现，主要体现在以下十二个方面。

一是企业战略的指导功能。主要是指企业文化为企业战略确定正确的指导思想和决策方向。任何一个企业的战略决策都是在一定的文化观念，即企业的使命、愿景、价值观和精神等指导下进行的。企业战略决策的正确制订和贯彻实施，既取决于企业理念的先进性、科学性和正确性，又需要强大的精神动力，以及浓郁的文化氛围。

二是企业发展的推动功能。主要是指企业文化在企业中的一切活动，归根到底，都是为了推动企业的发展。企业文化建设的目的就是要通过优化企业机制，完善企业制度，改变企业环境，在企业形成一系列为广大员工认可和接受的意识、观念、道德标准和行为规范，调动广大员工的积极性、主动性和创造性，不断提高员工的素质，增强企业的凝聚力和竞争力，促进企业全面、健康、持续、有效发展。

三是企业管理的改善功能。主要是指企业文化对企业管理的主导、发展和完善。优秀的企业文化倡导以人为本，可以推动企业管理转向以人为中心的文化管理，适时调整管理组织、改革管理制度、培育管理人才，建立以“软”管理、“软”约束为核心的企业管理结构和管理模式，促进企业的宏观管理和员工的微观自我管理的结合，形成良好的管理环境。

四是企业意识的导向功能。主要是指企业文化对企业意识的主导性，主要体现在两个方面。一方面，对企业员工的心理、思想、价值思维和行为起导向作用；另一方面，对企业的整体心理、整体思想、整体价值观和行为起导向作用。企业意识是企业核心价值观的集中反映，旨在使员工个体的思想、观念和追求与企业所要求的特定目标相一致，自觉为实现企业特定目标而奋斗。

五是企业主体的凝聚功能。主要是指在员工中树立共同的理想、信念、目标和价值追求，改变员工的思想和态度，把企业的宗旨、理念、目标和利益纳入员工个人的思想体系中，使员工对企业产生认同感、使命感、归属感和自豪感，并自觉地付诸行动。

六是员工士气的激励功能。主要是指企业文化对员工不仅有一种“无形的精神约束力”，而且还有一种“无形的精神驱动力”，使企业员工知道他所在企业存在的社会意义，看到自己作为企业一员的价值和意义，从而产生一种崇高的使命感，以高昂的士气，自觉地为社会、为企业、为实现自己的人生价值而勤奋地工作。

七是思想行为的约束功能。主要是指企业文化通过一种看不见的内在约束力，支配企业和员工的思想和行为。企业文化既可以通过企业的规章制度和管理要素对员工的思想行为进行约束，也可以通过塑造具有本企业特色的企业文化模式对全体员工的思想行为进行控制，还可以通过微妙的文化渗透和企业精神的激励和感染，形成一种约束倾向，成为员工的无形准则。

八是人际关系的润滑功能。主要是指企业文化以“润滑剂”的作用，润滑员工之间的价值取向和行为追求，克服困难、减少摩擦、沟通思想、互递信息，协调相互间的和谐，增进相互间的友谊，建立良好的人际关系，达到相互信赖、密切合作，形成团结和谐的气氛。

九是人力资源的开发功能。主要是指企业文化主张人本管理，通过对人在生产、经营、管理、学习和生活中不同行为的文化审视，探究人的思维和行为的文化奥秘，以正确的人力资源开发理念，指导企业对员工潜质的培养与塑造，为企业选拔培养人才，为员工设计提供科学的职业生涯规划及成长路径。

十是企业形象的塑造功能。企业形象是企业文化的一种外在表现形式，是社会公众与企业在接触交往过程中所感受到的总体印象。企业文化的使命、愿景、核心价值观、精神、行为和作风等体现为企业的内在气质，并由此构成了企业的内在形象，作用于企业的标识、产品、广告、人员、环境、礼仪礼节和活动等外在形象。有什么样的企业文化就有什么样的企业形象。

十一是企业品牌的打造功能。企业文化是企业品牌的灵魂，是企业文化核心理念在企业品牌上的高度凝聚；企业品牌是企业文化的外在表现，是企业文化作用功能的结果。优秀的企业文化对打造企业品牌、提升企业品牌形象将发挥巨大的作用。企业品牌打造的过程既是价值和时间积累的过程，也是企业文化积淀并对其滋润、滋养的过程。优秀的企业品牌需要优秀的企业文化作为支撑。

十二是服务社会的感应功能。主要是指企业文化与社会文化紧密相连，在受社会大文化影响的同时，也潜移默化地影响着社会文化，并对社会产生一种感应功能，影响于社会，服务于社会，成为社会改良的一个重要途径。企业文化这种服务社会的感应功能主要体现在社会、政治、经济、文化、环境等方面。

持久性功能提升

新时代中国企业文化的持久性功能的提升，是企业文化特殊性功能的提升，是企业文化生成力、深植力、生命力的综合体现，是决定企业文化功能的性质、效能及长久的最深层次要素。正如习近平总书记所指出的："为什么中华民族能够在几千年的历史长河中生生不息、薪火相传、顽强发展呢？很重要的一个原因就是中华民族有一脉相承的精神追求、精神特质、精神脉络。"而这"一脉相承的精神追求、精神特质、精神脉络"实质上就是我们中华民族共同信念的力量，是以其信念为支撑的中华民族文化持久性功能的卓越体现。优秀的企业文化也应是如此。

我们知道，信念是在一定的价值观基础上确立的对某种思想或事物坚信不疑并身体力行的心理态度和精神状态，是认知、情感和意志的有机统一体，是企业文化生成的重要标志，也是企业文化的功能作用得以发挥的最持久性力量。德国著名哲学家伊曼努尔·康德的墓志铭广为人知："有两样事物，对它们的思考愈是深沉和持久，就愈是在我们心中唤起历久弥新的赞叹和敬畏：头上的星空和心中的道德法则。"这段铭文所表达的不仅是康德对宇宙和道德法则的赞叹和敬畏，更显示出他心中不朽的信念和身上所具有的一种深沉和持久的力量。

当前，我们提升企业文化的持久性功能，应以信念为核心支撑，在以下四个方面下功夫。

一是在企业价值观的内化上下功夫。价值观通过人们的行为取向及对事物的评价、态度反映出来，是驱使人们行为的内部动力。信念是人们在一定的认识基础上，对某种思想理论、学说和理想所抱的坚定不移的观念和真诚信服与坚决执行的态度。信念是价值观的内化，本质上表现的是一种精神和态度，是价值观能够支配行为的关键所在。在企业文化建设中仅有价值观是不够的，因为决定企业和员工一切行为的不仅是价值观，还要靠信念。这是因为，信念强调的不仅是认识的正确性，而是情感的倾向性和意志的坚定性，它超出单纯的知识范围，有着更为丰富的内涵，是一种综合的精神状态。

二是在用信念“淬火”价值观上下功夫。所谓用信念“淬火”价值观就是用信念支持和强化价值观，使其变为坚强的意志。

有人曾这样比喻：价值观如果是石，信念就是用石敲出的星星之火；价值观如果是路，信念就是照亮你从黑暗走向黎明的灯；价值观如果是船，信念就是那借风使力的风帆；价值观如果是珍珠，信念就是将其串联在一起的美丽的项链；信念不仅是一种获得，还是一种牺牲；信念是价值观心灵的呼唤，价值观因有信念而坚定，信念因有坚贞而伟大。

价值观会随着工作和生活状况的改变而改变，信念也会因为经验而改变。但是，价值观一旦失去了信念将不堪一击。

三是在优化培育信念生成的土壤上下功夫。一个企业与员工共同信念的形成，必须植根于企业文化的现实土壤之中，这个现实就是企业在对自身的认识和总结的基础上，所形成的以核心价值观为支撑，具有理念先进、体系完善、机制科学、方法独特、个性鲜明的文化管理模式，通过科学并具有人性化的管理，锻造“文化价值链”，使员工在生产、工作和学习实践中对企业提出的文化理念能够认同、认知，然后产生信任、信仰，最终成为信念。因而，建立科学的企业文化管理模式，营造健康、良好的企业文化氛围，既是企业文化持久性功能提升的重要条件，也是方法和路径。

四是在营造良好的企业文化氛围上下功夫。如果说先进的企业文化管理模式是信念孕育的土壤，那么良好的企业文化氛围就是信念生长不可缺少的空气。企业文化氛围对企业与员工共同信念的生成有着重要的影响作用。不同的文化氛围会生成不同的企业信念，不同的企业信念也会形成不同的文化氛围。因而，我们在企业文化建设中要注意对企业核心价值观的宣传教育和培训管理，积极开展各种丰富多彩的文化活动，不断改善企业的生产、安全、健康、人文、学习、生活环境，以健康、良好的文化氛围促进企业共同信念的生成，从而实现企业文化持久性功能的提升。

滋养性功能提升

新时代中国企业文化的滋养性功能提升，是企业文化天然性功能的提升，是企业文化以人为本、以文化人特征的本质显现，是企业文化培育力、感染力、传承力及自我提升力的高度凝聚。习近平总书记曾在十八届中央纪委七次全会上指出：“没有中华优秀传统文化、革命文化、社会主义先进文化的底蕴和滋养，信仰信念就难以深沉而执着。”习近平总书记这段话充分说明了文化滋养性功能的重要性。

我们知道，企业文化是企业的灵魂，是价值理念与行为的高度融合，是企业和员工思想境界和精神风貌的全面展示。而企业文化的滋养性功能，则重点体现在对企业员工的思想启迪、心灵滋润、精神塑造、信念坚守、气质培育、行为养成等方面。那么，新时代中国企业文化的滋养性功能应该如何创新提升呢？

一是要注重企业文化滋养“养分”的构成和优化，避免企业文化滋养性功能要素的“无用化”。新时代中国企业文化滋养“养分”的核心要素，就是习近平新时代中国特色社会主义思想，并以其为指导，筑牢新时代中国企业的核心价值基础，坚定实现中国梦的信念，坚守社会主义核心价值观，把中华优秀传统文化、革命文化、社会主义先进文化，在新时代中国企业文化建设中创造性转化、创新性发展，融入企业发展的各个方面，引导企业和员工自觉信奉、主动践行，而绝不能偏离方向、失去核心、丢掉根本，使企业文化的滋养性功能作用“无用化”。

二是要注重企业文化滋养“养分”的沉淀和积累，避免企业文化滋养性功能形成的“理想化”。新时代中国企业文化滋养“养分”只有经过不断积累、创新，与时俱进，才能显现其巨大的滋养力。企业文化既然是企业及员工在长期的生产经营实践中逐步形成的共同理想、价值目标、意志品质和行为方式，是精神与物质的辩证统一、思想与行为有机结合、追求与结果的集中体现，那么，其滋养性功能的形成必然需要经过时间和实践的积淀及检验，然后才能逐步以一种理念化、行为化、物态化和形迹化的形式发挥作用，而绝不能认为通过阐述一些思想、提炼一些理念、喊出一些口号、规范一些行为就是企业文化了，就想当然地具有企业文化的滋养性功能了，把企业文化“简单化”，把企业文化的滋养性功能作用发挥“理想化”。

三是要注重企业文化滋养“养分”的含量和质量，避免企业文化滋养性功能的功效“劣质化”。提升新时代中国企业文化的滋养性功能，必须坚持以人为本、以文化人，尊重企业员工在新时代中国企业文化建设中的主体地位，紧紧围绕企业员工的物质和精神文化需求，滋润员工的美好心灵，滋养员工昂扬向上的精神风貌，孕育企业科学发展和员工幸福成长的持续活力，真正让企业员工吸收到健康和充足的文化“养分”，而绝不能搞假、大、空，绝不能搞哗众取宠，绝不能搞“精神万能”，把企业文化滋养“养分”“劣质化”。

四是要注重企业文化滋养的“养分”的消化和吸收，避免企业文化滋养性功能作用的“失效化”。新时代中国企业文化滋养的“养分”只有被企业和员工吸收才能起到作用。企业文化“养分”中蕴含的价值观念、精神魂魄、道德规范等必须通过思想启迪、舆论灌输，领导垂范、榜样示范，制度规范、实践锤炼、教育培训、形象塑造，主题活动、典礼仪式等多种有效的方法和途径，才能让员工的心灵从中得到滋养，让员工的智慧从中萌芽，而绝不能墨守成规、因循守旧、急功近利、弄虚作假，绝不能偷懒，绝不能不下真功夫、细功夫、长功夫，让企业文化滋养“养分”“失效化”。

创造性功能提升

新时代中国企业文化的创造性功能提升，是企业文化价值性功能的提升，具有企业文化的潜在性功能特征，是企业与员工共有核心价值观和行为方式的终极价值显现。正如世界著名领导力和企业文化专家约翰·科特先生所说："领导力的背后是企业文化力，企业的变革根本上是企业文化的变革。""企业文化，特别是当它的力量十分雄厚时，会产生极为有力的经营成果，特别是当市场环境竞争激烈的时候更是如此。"

企业文化的创造性功能实质上是企业文化贡献力的体现。企业文化的创造性功能虽然表现在企业文化的外在结构——物质层面，但其力量的形成和作用发挥却往往容易被人疏忽且不易察觉，甚至不知其所在。新时代中国企业文化的主导性功能、基础性功能、全面性功能、持久性功能和滋养性功能的提升，说到底，都要最终体现在创造性功能的提升上，没有创造性功能的提升，其他功能的提升就无从谈起。

当前，实施新时代中国企业文化创造性功能的提升，应注意把握好以下六点。

一是要注意把握好创造性功能的本质特性。企业文化创造性功能的本质特性就是价值理念创新。这是由企业文化"四本原理"决定的，即企业文化创造性功能始于价值主张，成于价值凝聚和价值创造，显现于价值分配。因而，只有新的价值主张，才能有新的价值凝聚；只有新的价值凝聚，才能有新的价值创造；只有新的价值创造，才能有新的价值分配。2013 年 10 月 21 日，习近平总书记在欧美同学会成立 100 周年大会上曾指出："惟创新者进，惟创新者强，惟创新者胜"。因此，提升新时代中国企业文化的创造性功能，必须要把创新放在第一位，做新时代的弄潮儿，与时俱进地创新企业价值理念，以新的价值理念引领和提升企业文化的创造功能。

二是要注意把握好创造性功能的思维特性。企业文化的创造性功能的思维特性就是学习性。新时代的中国企业应该是一个学习型企业，要以企业愿景为引领，运用学习性思维，深入地学习、实践，再学习、再实践，不断地发现问题、提出问题、解决问题，最终实现创新和创造。因此，提升新时代中国企业文化的创造性功能必须从学习入手。①通过学习把企业和员工的知识资源转化为企业的知识资本，增强企业的知识力。②企业上下要以前所未有的紧迫感和危机感，加紧学习新知识、获得新信息、开发新资源。③重点加强企业领导层的学习，不断提升他们的学习能力、学习效率和学习品质，成为企业和员工学习的“领头羊”。④以最快速度、最短时间把学习到的新知识、新信息、新方法用于企业变革与创新，形成具有竞争优势的创造力。

三是要注意把握好创造性功能的结构特性。企业文化创造性功能的结构特性，是指企业文化由内向外的精神、制度、行为、物质四个层面的结构特性，即企业文化创造性功能形成的过程特性。因此，提升新时代中国企业文化的创造性功能，必须要把握好其结构特性。①对企业文化创造性功能的形成进行结构化处理，从精神、制度、行为、物质四个层面逐层推进、逐级深化、逐步形成。②企业文化创造性功能必须是精神、制度、行为、物质四个层面的有机统一，缺一不可。③以精神层面为引领、以制度为支撑、以行为层面为关键、以物质层面为基础，重点在创新、创造上下功夫。

四是要注意把握好创造性功能的载体特性。企业文化创造性功能的载体特性，是指企业文化的主体、组织、制度、物质四个载体的特性，即企业文化创造性功能赖以存在和发挥作用的载体特性。因此，提升新时代中国企业文化的创造性功能，必须高度重视其载体的重要性。①坚持以人为本。人是企业文化创造性功能的第一载体，企业文化的创造本质上就是人的创造。如果没有企业员工的积极性、主动性和创造性，就没有企业文化的创造性。②坚持提升企业组织的学习力，倡导团队学习比个人学习更重要，把团队成员学习实践的过程作为产生企业“创造性张力”的过程。③坚持制度创新，坚决破除一切不合时宜的规章制度和体制机制弊端，用先进的理念和制度体系打造企业文化创造力。④坚持以物质载体为基础，将企业文化的物质层面建设与物质载体建设相结合，将企业物质载体的先进性和优越性作为企业文化创造性功能的重要标志，实现企业文化创造性功能的物态化。

五是要注意把握好创造性功能的能力特性。企业文化创造性功能的能力特性不是指企业配置资源、发挥其生产和竞争作用的能力特性，而是企业文化行为层面的行为能力特性。企业的能力来源于企业有形资源、无形资源和组织资源的整合，是企业各种资源有机结合的结果；企业文化创造性功能的能力特性来源于企业的核心价值理念，是理念与行为有机统一而形成的结果。因此，提升新时代中国企业的文化创造性功能，必须注意研究和把握企业文化功能的能力特性。①员工在工作中表现出来的能力是不同的，但其能力受到个人身份和价值观的影响则是相同的。因此，一定要用企业的使命、愿景、核心价值观和精神等核心价值理念，为各级组织和人员进行“能力编码”，按照核心理念体系的要求，不断提升其胜任岗位职责与企业文化要求相匹配的能力。②坚持以文化人，加强对团队和员工的学习培训，不断提高团队和员工的工作才能和本领，练就具有文化内涵的匠心、匠艺。③注意研究员工完成工作任务所必需的直接影响活动效率的，并能使工作顺利进行的心理特征，不断提高员工完成工作中各项任务的可能性。

六是要注意把握好创造性功能的价值特性。企业文化创造性功能的价值特性就是企业文化产生的积极而有意义的结果的特性。企业文化建设的过程实际上就是企业新的价值重构、产生新的价值结果的过程。没有价值创新的创造是没有意义的。因此，提升新时代中国企业文化的创造性功能，必须要围绕价值创新这个企业文化创造性功能的终结目标。①将企业现有的价值观念、价值追求和价值作为进行解体，按照新的价值预设重新组合与塑造，使企业价值主体与客体的各种要素在新的文化情景下相互作用。②通过企业新建立的价值体系，改变企业和员工的思想观念、意识行为，从而按照新的价值尺度进行价值创造。③每一个企业的企业文化都要经历一个由自在到自觉、由自觉到自强的一个成长过程，而企业文化的创造性功能也是随着其变化不断形成、不断提升的，不可能一蹴而就。所谓将企业文化拟化于文、内化于心、融化于情、固化于制、外化为行、显化于物，实质上就是企业文化创造性功能实现的过程。

| 第十章 |

彩练飞舞

——新时代中国企业文化的职能拓展

新时代中国企业文化的职能拓展，是新时代中国企业文化要素体系建设中的一个重要内容，是以企业文化核心理念为主导，以职能文化理念为支撑，以理念系统、行为规范系统、形象识别系统为基础，以企业各项职能工作为载体所进行的文化职能拓展建设，是新时代中国企业文化建设的重要组成部分和“落地”的必经之路。

新时代中国企业文化的职能拓展，属于企业文化组织载体建设的范畴，应充分体现新时代中国企业文化的本质内涵和崭新特征，学习运用新的企业文化理论，在企业文化总体系建设中，突出职能文化的结构优化、载体创新和功能提升，进而创造性地开展各项职能文化建设。

新时代中国企业文化的职能拓展应包括两个方面的内容。

第一个方面是企业各职能部门自身的文化建设。职能部门的自身文化建设是根据企业文化建设的总要求，以部门领导为核心开展的团队文化建设，主要突出四个重点。

一是根据企业文化建设的总要求，以完成本部门任务指标为牵引，以履行本部门职能和职责为主线，认真贯彻落实企业文化的要素体系和管理体系的内容，制订具体落实措施和办法，并细化为具体的岗位职责和职务要求，实现部门与企业的“文化链接”。

二是根据企业文化建设的相关要求，围绕企业使命、愿景、核心价值观和精神，提出本部门的发展目标，总结、提炼本部门的文化宗旨和个人的文化座右铭，对企业的行为规范和作风进行细化，打造具有本部门特色的文化管理方式和行为养成模式。

三是根据企业文化建设的具体部署和相关标准要求，积极参与和开展各种文化活动，营造良好的文化氛围，塑造良好的部门形象，不断提高部门人员的文化素养和机关工作素质。

四是根据企业的统一安排，严格进行有关企业文化方面的考核评价工作，确保企业文化建设的质量，为企业基层单位做出榜样。

第二个方面是企业各职能部门围绕本部门职能工作开展的职能文化建设。围绕职能工作开展的职能文化建设是企业文化理念系统、行为规范系统、形象识别系统在职能工作领域的系统延伸、细化和塑造，是企业文化在企业各项职能工作中的结构化、载体化、功能化过程，主要突出五个重点。

一是在主管本部门职能工作的企业领导直接负责和企业文化主管部门的指导下，根据本部门的主要职能工作，以相对应的职能文化理念为核心，从理念、行为和形象三个维度，构建本部门的职能文化建设体系。

二是本部门对职能文化建设负责具体策划和实施，坚持顶层谋划、业务融合、讲求实效、突出特色的基本原则和方法。

三是根据新建立的职能文化理念、行为规范和形象识别体系建设标准及相关要求，对现行职能工作的各项规章制度进行修改、完善和补充，实现理念与行为的有机统一。

四是从本部门职能工作的实际出发，根据企业文化建设的总要求，以职能文化建设体系为基础，深入宣传发动，加强教育培训，注重培养人才，广泛开展活动，加大保障力度，优化载体环境，创新方式方法，突出实际效果，创造性地构建职能文化建设的特色管理模式。

五是注意在职能文化建设中发现和培养典型，可以对职能工作中出现的重大成果、技术创新和英模人物等进行文化命名等，以激发各级职能工作人员的积极性、主动性和创造性。

当前，实施新时代中国企业文化的职能拓展，应重点开展好以下七个方面的职能文化建设。

合规文化建设

合规文化建设是新时代中国企业文化建设越来越重要的一个有机组成部分，是我国全面推进科学立法、严格执法、公正司法、全民守法的必然要求，特别是随着打造具有全球竞争力的世界一流企业和“一带一路”建设的需要，加强企业合规的文化建设更具有重大的现实意义。

2017年5月23日，习近平总书记主持召开中央全面深化改革领导小组第三十五次会议，此次会议讨论了中国企业面临合规挑战的新问题。会议指出："规范企业海外经营行为，要围绕体制机制建设，突出问题导向，落实企业责任，严格依法执纪，补足制度短板，加强企业海外经营行为合规制度建设，逐步形成权责明确、放管结合、规范有序、风险控制有力的监管体制机制，更好服务对外开放大局。"落实中央关于企业树立合规意识、建立合规制度、强化合规管理的要求，首要的是要加强合规文化建设。

合规文化属于企业文化的范畴，是企业和员工法制观念、诚信自觉、道德意识和行为操守养成的过程和结果，是企业和员工行为是否合乎法律法规、行业规则、市场惯例、企业内部规章制度等规范要求的集中显现，是企业和员工职业操守的人格化，其核心是合规要成为企业最基本的价值准则和心理习惯。

合规文化建设不仅涵盖企业遵守法律、法规、监管规则或标准等方面的内容，也应包括企业遵守市场公约、行业守则、内部行为规范及更广义上的诚信、正直、廉正和公平交易等方面的内容。合规文化建设实际上应包含诚信文化、法制文化、制度文化、风险管理文化等方面的内容，在企业文化建设的总体规划中要做出专门安排，一般由分管合规（法制、风险管理）工作的企业领导牵头负责，具体负责合规（法制、风险管理）工作的部门组织实施，企业文化部门协助指导。

当前，开展合规文化建设应重点做好以下工作。

首先，要适应新形势，进一步提高对合规文化建设重要性的认识。习近平总书记曾特别强调指出要"强化审慎合规经营理念"。理念是行动的先导。进入新时代，中国企业一定要冷静面对国内外形势的新变化，深入了解我国企业在生产经营特别是国际化经营中面临的合规风险挑战，深刻认识我国企业对合规风险重视不够和应对能力不强的严峻现实，高度重视并强化合规文化建设，把合规文化建设作为企业文化建设的基石，主动防范和应对合规风险，确保企业持续、稳健发展。

一是要正确面对国际组织，加强监管力度，共同推动全球企业强化合规管理的新情况，积极适应已经到来的全球企业强化合规管理的新潮流。

二是要正确面对中国企业走向世界在合规方面存在的问题和不足，积极适应由企业海外经营行为合规必然连带要求企业国内经营合规、企业海外经营行为合规必然转化为要求企业国内外经营全面合规的新动向，快速进入我国强化企业合规经营管理的新阶段。

三是要正确面对中央关于企业加强合规管理的新要求，大力开展合规文化建设，加强企业合规文化体系建设，把合规文化建设作为提升企业合规管理能力的新抓手，迅速开启中国企业合规文化建设和管理的新篇章。

其次，要以习近平总书记依法治国思想为指导，认真研究和把握合规文化的特征。习近平总书记在中共中央政治局第四次集体学习时指出："全面推进科学立法、严格执法、公正司法、全民守法，坚持依法治国、依法执政、依法行政共同推进，坚持法治国家、法治政府、法治社会一体建设，不断开创依法治国新局面。"因此，加强合规文化建设必须按照习近平总书记的要求，把合规文化建设作为企业诚信建设、法制建设、制度建设的重要价值思维、价值导向和价值规范，着力培养企业合法经营、领导依法管理、员工合规操作的"合规习惯"，并研究把握好以下特征。

一是以习近平新时代中国特色社会主义思想和党的十九大精神为指引，结合中国特色社会主义进入新时代，立足企业实际，着眼企业发展，把握好合规文化建设的时代性特征。

二是将合规文化建设作为企业文化建设的重要内容，从思想和行为上强制要求每一位员工必须依法行事、照章办事，把握好合规文化建设的强制性特征。

三是紧密结合企业内外部形势的不断变化，着眼企业未来发展的新要求，以持续满足更高的标准和需求，落实各项法律法规，完善各项规章制度，把握好合规文化建设的动态性特征。

四是把合规文化建设渗透到企业的各个岗位、各项工作中去，使合规文化成为企业健康肌体的"毛细血管"，把握好合规文化建设的全面性特征。

五是把合规文化建设与企业战略、生产经营和管理进行深度融合，使法治文化成为增强企业核心竞争力的"法治黏合剂"，把握好合规文化建设的融合性特征。

再次，要勇于创新，快速构建完善的合规文化建设体系。

合规文化建设体系是合规文化建设的基础，是基于企业新时代发展方向的思考和前景设想，在企业文化建设的总体框架内，根据企业文化形成的结构原理而构建的合规文化建设体系。

一是合规理念体系建设。重点是从理念层面推进，构建合规文化建设的理念体系，为合规文化建设铸魂炼魄，确定合规文化建设的核心指导、核心坐标，并进一步细化为企业（集团）重点行业、重点领域、重点岗位的合规职能应用理念，例如，计划财务、采购、项目工程、人力资源、质量安全管理、审计、纪检监察等。

二是合规制度体系建设。重点是从制度层面推进，构建合规文化建设的制度体系，如合规文化建设责任机制、考核机制、保障机制、参与机制、奖惩机制等。

三是合规行为体系建设。重点是从行为层面推进，构建合规文化行为规范体系，如合规文化的行为准则、道德守则、日常行为规范（包括重点行业、重点领域、重点岗位及人员的日常合规行为规范）、团队仪式、文化活动等。

四是合规物质体系建设。重点是从物质层面推进，构建廉洁文化物质形象体系，主要包括合规文化建设的传播载体、活动载体、人物载体、群众组织载体、物质设施载体、视觉形象载体等。

创新文化建设

创新是引领企业发展的第一动力，创新文化建设是企业应对发展环境变化、增强发展动力、把握发展主动权的战略引擎，是企业持续发展和市场制胜之道。

企业创新文化，一般来讲，是企业为了适应快速发展变化的市场竞争环境，以创新为主要特征，以在价值创造过程中发挥主导作用的创新价值体系为核心，体现为企业创新理念、创新制度、创新行为和创新物质成果的总和。在企业，创新文化是企业文化的重要组成部分，虽然属于职能文化建设的范畴，但对企业文化建设具有核心和引领的特殊作用及功能，是企业经营文化、管理文化、生产文化、质量文化、安全文化、成本文化等其他职能文化建设的活力之源。可以说，抓好了创新文化建设，就抓住了企业文化建设的“牛鼻子”。

当前，中国企业已经进入新时代，面对新科技革命和经济信息化加速发展的新形势，以及互联网、物联网、云计算、大数据、工业 4.0、人工智能等日益凸显的大趋势，使企业创新在国民经济和国家创新体系中的地位越来越重要，更使企业创新文化的地位和作用越来越突出，并得到空前强化和史无前例的升华，成为企业生命的源泉和发展的源动力。习近平总书记曾指出：“当代中国共产党人和中国人民应该而且一定能够担负起新的文化使命，在实践创造中进行文化创造，在历史进步中实现文化进步。”创新文化就是当前中国企业最为迫切和重要的文化新使命，是进行文化创造、实现文化进步的核心支撑。因此，新时代中国企业的创新文化建设必须做到“三个进一步”。

首先，要进一步明确创新文化的本质是文化创新，加快构建“164457”创新文化建设新模式。

依据企业文化“四本原理”，可以概括地说：创新文化就是创新理念与创新行为有机统一创造新的价值成果的过程，以及长期的养成与习惯。创新文化既然是一种文化，其创新必然源自文化并受文化的制约，所以说，创新文化的本质就是文化创新，没有文化的创新就没有创新的文化。因此，中国企业在新时代应要加快构建“164457”创新文化建设新模式。

“1”：明确新时代创新文化的一个定义。即创新文化是以习近平新时代中国特色社会主义思想为指导，以创新为企业持续发展之基、市场制胜之道，以关系国家全局和长远的重大科技创新为牵引，以全球战略必争领域重大关键核心技术创新为主线，以奋斗者为本，在突出创新首要地位、转变创新思想观念、加强创新平台建设、增加创新研发投入、培养创新人才队伍等过程中，逐步形成的创新理念、创新制度、创新行为、创新形象及成果的总和，是企业创新发展之魂。

“6”：体现新时代创新文化的六个特征。即勇于担当、不辱使命的时代性特征；勇于学习、海纳百川的开放性特征；勇于变革、以我为主的自主性特征；勇于冒险、宽容失败的包容性特征；勇于超越、追求成功的卓越性特征；

勇于牺牲、坚韧执著的奉献性特征。

“4”：优化新时代创新文化的四层次结构。即由里向外，优化创新文化的精神层、制度层、行为层和物质层四层次结构。

“4”：丰富新时代创新文化建设的四大载体。即丰富创新文化的主体载体、组织载体、制度载体和物质载体。

“5”：理清创新文化建设的五大关系。即创新文化与企业党建的关系，以党建为统领；创新文化与企业文化的关系，以企业文化的使命、愿景、核心价值观、精神等核心理念为主导；创新文化与企业战略的关系，创新文化引领企业战略；创新文化与企业经营的关系，创新文化推动企业经营发展；创新文化与企业管理的关系，创新文化助力企业管理变革和优化。

“7”：发挥创新文化的七大功能。即铸入企业创新魂力；激发企业创新活力；发掘企业创新潜力；增强企业创新动力；开发企业创新智力；提升企业创新能力；壮大企业创新实力。

其次，要进一步明确创新文化建设的关键是文化创新力，着力打造创新文化“六力”。

创新文化是企业“文化中的文化”，创新文化建设是打造创新型企业的灵魂和思想源泉，其关键是要着力打造创新文化力，并坚持和实施新时代创新文化建设的方针、原则和目标。

一是坚持“六以”方针，即创新以心——坚持从心开始，解放心灵，转变观念，树立正确的创新理念；创新以信——坚持必胜信念，勇于开拓，敢担风险，培育强大的创新动能；创新以欣——坚持乐观主义，燃烧激情，寓创于乐，保持旺盛的创新活力；创新以芯——坚持重点突破，铸科技“芯”，聚核“芯”力，奉献一流的创新产品；创新以辛——坚持吃苦耐劳，不畏艰险，不怕失败，奉献无悔的创新奇迹；创新以薪——坚持价值激励，以人为本，多创多奖，建立科学的创新机制。

二是坚持“六个注重”原则，即注重创新求生的原则；注重思想超前的原则；注重价值驱动的原则；注重原始创新的原则；注重全员参与的原则；注重机制保障的原则。

三是坚持“六力”目标，即创新文化的学习提升力；创新文化的观念更新力；创新文化的价值判断力；创新文化的机制保障力；创新文化的群体攻关力；创新文化的长久持续力。

再次，要进一步明确创新文化建设的根本目的是企业的价值创造，重点突出“四大价值体系”的创新提升。

习近平总书记曾指出，“抓创新就是抓发展，谋创新就是谋未来。不创新就要落后，创新慢了也要落后”。新时代的创新文化建设，要把创新文化建设作为企业创新驱动、创新发展不竭的动力源泉，紧紧围绕促进企业价值创造的根本目的，重点突出“四大价值体系”的创新提升。

突出员工能力体系的创新提升——坚持以人为本、以文化人，把员工作为企业创新的主体，着力提高员工的自我认知能力、学习研究能力、岗位胜任能力、奇思妙想能力、价值创造能力。

突出科技研发体系的创新提升——坚持以科研为中心，把科技研发作为企业创新的突破口，着力提升知识、技术、管理等创新体系的结构优化和功能水平，使之相互支撑、互为动力。

突出核心产品体系的创新提升——坚持有所为、有所不为，从企业长远发展需要出发，着力在战略科技项目上有所突破，把核心产品研发、生产和销售的主动权牢牢掌握在自己的手中。

突出平台竞争体系的创新提升——坚持创新链、产业链、市场需求有机衔接，着力在核心理念、核心人才、核心技术、核心产品、核心资源上加大创新投入，系统整合提升平台效应。

为此，必须在创新文化建设中紧紧抓住以下三个重要方面。

一是进一步明确五个思路，即不忘初心、牢记使命铸魂魄，自足自我、着眼长远掌主动，巧抓机遇、勇于实践强能力，国家需要、市场需求注活力，求真务实、事半功倍创奇迹。

二是进一步掌握九个方法，即价值引导法、学习提升法、领导带动法、机制推进法、包容激励法、人才育用法、团队合作法、氛围营造法、资源保障法。

三是进一步强化五个途径，即组织领导的传导途径、战略规划的实施途径、管理考核的施压途径、环境氛围的感染途径、精神与物质的激励途径。

质量文化建设

质量体现着人类的劳动和智慧，承载着人们对美好生活的向往，而其本质则是在质量实践活动中逐步形成的质量文化。《中共中央　国务院关于开展质量提升行动的指导意见》明确提出：“将质量文化作为社会主义核心价值观教育的重要内容，加强质量公益宣传，提高全社会质量、诚信、责任意识，丰富质量文化内涵，促进质量文化传承发展”。

如果说质量是企业的生命，那么质量文化就是企业的“命根子”。众所周知，企业质量文化一般是指伴随着近、现代工业化进程，以特定的社会发展方式为基础，以民族特有的历史文化为背景，企业在生产、管理、服务等质量实践活动中逐步形成的质量理念、制度规范、行为模式、管理方法和技术手段等因素的总和。我们常说，有企业就有文化，不同的企业有不同的文化，不同的文化造就不同的企业。相对于质量和质量文化也是这样：有质量就有质量文化，不同的质量体现不同的质量文化，不同的质量文化呈现不同的质量。

我们必须看到，中国特色社会主义进入新时代，也标志着进入以提高发展质量和效益为中心，深入实施质量强国战略的质量时代。作为新时代的中国企业，在建设新时代企业文化的同时，必须高度重视和做好质量文化建设。

（一）要更加深刻地认识质量文化建设的重要意义

习近平总书记在党的十九大报告中强调必须坚持质量第一，明确提出建设质量强国。因此，我们开展新时代质量文化建设，必须以习近平新时代中国特色社会主义思想和党的十九大精神为指导，以社会主义核心价值观为主旨，深刻认识质量文化建设的重要意义。

第一，质量就是政治。21 世纪是质量的世纪，质量对个人、企业、行业、国家未来的发展都有着深刻影响，提升质量、品质是全人类共同的追求。质量不仅表现为产品和服务的性能，也是一种生活规范、处世哲学和政治态度。面向新时代，中国企业必须以高度的政治责任感，深刻认识到质量越来越成为企业发展中面临的重大政治和战略问题，关乎国家综合实力的提升，关乎中国经济的升级，关乎亿万群众的福祉，关乎质量强国战略的实现，把企业发展推向质量时代。

第二，质量就是生命。“国因质而强，企因质而兴，民因质而富”。产品和服务质量直接决定着企业的生存和未来发展。如果一个企业不以质量谋生存，不讲求质量信誉，不确保质量安全，没有优良而稳定的产品质量，那么企业将无法生存，后果不堪设想。

第三，质量就是效益。质量发展是强企之基、立业之本、转型之要，也是效益之根。向质量要效益，既是放之四海而皆准的真理，也是正确处理质量与效益关系的辩证法。没有质量的产品不会有效益，没有质量的所谓效益也必将是短暂的，有了过硬和竞争力的产品质量，企业的效益自然会提高。

第四，质量就是未来。当前世界经济仍处在复苏中，质量制胜无疑是克服困难、战胜挑战的法宝，面临着不少困难和挑战，只有树立强烈的质量意识，弘扬劳模精神、工匠精神，建设优秀的质量文化，建立厚实的质量技术基础，掌握先进的质量方法工具，加速产品和产业的质量升级，才能立于不败之地，支撑企业健康、快速发展，为质量强国和人民享受更多质量发展成果做贡献。

（二）要更加明确地把握质量文化建设的主要内容

新时代企业质量文化建设，旨在提高企业和员工的质量意识，引导建立完善的质量管理机制，营造人人关心质量、重视质量、追求质量、创造质量、享受质量的行为习惯和环境氛围，不断提升企业质量竞争力，推进质量建企、质量强企、质量名企。因此，要更加明确地把握好以下质量文化建设的主要内容。

一是要把握好质量文化建设的目标，即质量理念先进，质量文化的导向力、凝聚力和创造力得到充分发挥，质量突出的问题得到有效治理，产品和服务质量大幅提升，质量效益特征更加明显，质量战略竞争力显著增强。

二是要把握好质量文化建设的六个关系，即质量文化与企业文化的关系——质量文化从属于企业文化，但是企业文化建设是关键和重点；质量文化与企业战略的关系——质量是企业战略的基石，质量文化是企业战略实现的重要支撑；质量文化与质量管理的关系——质量文化主导质量管理，质量管理是质量文化的外在反映；质量文化与质量管理体系的关系——质量文化的导向作用与质量管理体系的功能相结合，质量文化建设方法与质量管理运作模式相结合，质量文化建设的“软件”与质量管理体系的“硬件”相结合；质量文化与安全风险管控的关系——质量安全是安全风险管控的重点，质量文化是安全风险管控的“预警机”和“保护神”；质量管理部门与企业文化主管部门的关系——质量管理部门是质量文化建设的主管机构，企业文化主管部门是质量文化建设的指导机构。

三是要把握好质量文化建设的具体内容，即科学确立质量文化在企业及企业文化中的地位和作用，明确和丰富质量文化的内涵，把握质量文化的本质特征，优化质量文化的精神、制度、行为、物质层次结构，创新质量文化的主体、组织、制度、物质载体，发挥质量文化的作用功能。

四是把握好质量文化建设的重点载体，即建立质量文化建设领导或协调小组，编制《企业质量文化建设纲要》，制订《质量文化建设实施方案》，编写《质量文化手册》，制订《质量文化管理考核办法》等。

（三）要更加深入地研究质量文化建设的方法路径

一是理念主导，全体系构建。树立强烈的质量意识，从质量文化的精神层次结构入手，依据企业的使命、愿景、核心价值观和精神等核心理念，提出质量文化建设的理念、价值观、道德、方针等，并以此构建质量文化建设的理念体系、行为规范体系和视觉形象体系。

二是质量第一，全方位治理。坚持把质量放在第一的位置，以质量文化的制度和行为层次结构为重点，以质量理念为主导，对质量的指挥控制、组织协调、方针政策、目标要求、策划控制、措施保证、教育培训、改进创新等进行全方位的整治和处理，不留死角。

三是统一标准，全要素规范。强化质量标准意识，坚持从严、从细、从高的原则，围绕质量文化建设的主体载体、组织载体、制度载体和物质载体，制订统一的质量文化建设和管理标准，涵盖人、机、物、法、环等所有要素，无一漏缺。

四是严格管理，全过程控制。产品是过程的结果，过程的质量决定了产品的质量。质量文化建设要注重过程管理的质量，实施计划建立、实施推进、控制维持和改进创新的循环管理，确保质量文化建设的过程严密、完善、有效。

五是以人为本，全员额育训。质量文化建设也要坚持以人为本、以文化人，努力开展质量文化的教育培训，强化员工的质量意识，提升员工的质量素养，总结交流质量工具、技术和方法的应用经验，加强质量文化和管理理论的研究和创新，不断增强企业质量竞争力。

六是精益求精，全品质检验。树立依靠提升质量解决生产经营管理遇到的问题的思维方式，一丝不苟、一以贯之地做好产品、技术和服务的检查、验证，坚决避免产品质量问题和质量缺陷问题，用质量保证价值、创造价值。

安全文化建设

安全文化是企业安全生产管理职能工作的灵魂，是企业强化安全意识、加强安全管理、实现安全发展的巨大思想动力源泉。

企业安全文化是企业文化的重要组成部分，是企业安全理念和安全行为有机统一而呈现的安全形态。优秀的企业安全文化表现为：尊重生命，理念先进，以领导为楷模，通过一系列安全文化建设活动，内化为全体员工的安全行为，使企业安全运行处于最优先的地位，实现本质安全。

安全文化建设不仅涵盖企业生产管理等方面的内容，也应包括企业绿色环保、职业健康等方面的内容。安全文化建设在企业文化建设的总体规划中要凸显安全第一的重要地位，做出优先和专门安排，一般由分管安全（环保、职业健康）工作的企业领导牵头负责，具体负责安全（环保、职业健康）工作的部门组织实施，企业文化部门协助指导。

习近平总书记关于安全生产工作有许多重要论述及指示，曾特别强调指出："人命关天，发展决不能以牺牲人的生命为代价。这必须作为一条不可逾越的红线"。"落实安全生产责任制，要落实行业主管部门直接监管、安全监管部门综合监管，地方政府属地监管，坚持管行业必须管安全，管业务必须管安全，管生产必须管安全，而且要党政同责、一岗双责、齐抓共管"。因此，新时代中国企业加强安全文化建设，必须要以习近平总书记关于安全生产工作重要论述及指示精神为指导，严格贯彻落实《安全生产法》，在企业文化体系建设的总框架内，遵循安全文化建设的特点和规律，重点做好以下几个方面的工作。

首先，建立安全文化建设的理念体系、行为规范体系和视觉形象体系。

安全文化理念体系一般主要包括安全理念（企业文化理念体系中的安全职能理念）、安全宗旨、安全愿景或目标、安全管理方针、安全口号和宣传语等内容。安全文化理念体系的设计要从企业的安全生产管理实际出发，内容不宜过多，要精练易懂，便于传播和操作，不要过于繁杂，更要注意避免口号化。

安全文化行为规范体系一般主要包括安全行为准则和原则，安全行为作风，各级各类人员的安全行为规范，安全活动（如签署安全承诺书、开展安全月活动、举办安全知识竞赛）等。安全文化行为规范体系的设计要注意其纲领性、原则性特点，突出重点人员、重点行为的管理和规范，内容可根据企业的实际需要进行设计策划。

安全文化视觉形象体系一般主要包括企业各类安全的视觉识别标志、各类人员的安全形象、各级组织的安全形象、器械设备的安全形象、安全的作业环境等内容。安全文化视觉形象体系的设计要注意标准化、规范化，符合安全生产管理的需要，各类安全形象设计要具体、管用、可辨认、能检查。

其次，打造具有本企业特色的安全文化管理模式。

安全文化管理模式就是开展安全文化建设的方法论，是安全文化建设的基本思路、方法和路径。不同的企业、不同的安全理念和行为规范，就会有不同的安全管理模式。对安全文化管理模式的设计策划，一定要坚持以人为本、预防为主、综合治理、本质安全的方针，深刻把握安全文化的内涵和特征，遵循安全文化建设的基本规律，注意安全理念、制度、行为、物质四个层面的结构关系，不断创新安全文化建设的载体，形成具有本企业安全文化特色的管理模式。

打造具有本企业特色的安全文化管理模式的形式可以不拘一格，模式的命名也可以各式各样。例如，作者曾研发过一个“1357 安全文化管理模式”，其基本结构如下。

一本：以人为本。

三为：理念为根，领导为先，机制为重。

五线：不越生命红线，守住法律底线，严管生产一线，紧抓预防主线，筑牢事故防线。

七到位：思想认识到位，安全责任到位，教育培训到位，安全投入到位，基础管理到位，应急救援到位，考核奖惩到位。

再次，注重将企业安全文化与管理的经验进行理论化提升。

安全生产理论是对安全生产长期实践经验积累和知识的高度总结概括，是安全生产内在本质和规律的反映，对安全生产具有广泛的指导性和普遍的适用性。

进入新时代，企业安全文化建设的一个重要任务，就是将安全生产管理的知识与经验教训进行理论化提升。2016 年 8 月 11 日，在山东寿光举办的“国内首创安全管理法则发布仪式暨默锐安全文化现场研讨会”上，作者发布了自己研发的安全生产管理三法则。

一是拉链法则。众所周知，拉链是一个由两条柔性的镶嵌有小齿且可互相啮合的拉链带，通过拉头的作用使其能随意地拉合或拉开。但如果拉链中有一个小齿发生问题，必将导致整条拉链无法开合，乃至失效无用。安全生产管理中的“人、机、物、法、环”等各个要素和环节的管理组合就如同一条“安全拉链”，如果有一个“小齿”发生问题，必将导致安全隐患乃至事故的发生。

拉链法则有三个特性。

（1）匹配性。拉链的每一个小齿都必须与挨着且相对的另一条带子上的小齿相匹配，如果不匹配则拉链无法开合。在安全生产管理中，每一项安全管理制度的完善与契合，每一名员工的默契和配合，每一个岗位人员与机械设备的完美结合，都如同拉链小齿的相互啮合，否则，就会导致安全隐患和事故的发生。

（2）闭合性。拉链拉合后会保持一种闭合状态，而且不会自动滑开。安全生产管理实质上就是一种闭合管理，必须是全员额、全时空、全流程的监督、预防和控制，没有漏洞，没有死角，使所有的安全管理要素和程序的空间“拉合”后不会滑开，有效杜绝安全隐患和事故，确保安全生产的正常进行。

（3）带动性。两条拉链带必须通过拉头的作用，才能使其随意地拉合或拉开。从某种意义上讲，领导就是安全生产管理“拉链”中的“拉头”，没有领导的“拉头”作用，再好的拉链带也无法拉合或拉开。因此，领导必须要重视安全生产管理，率先垂范地为下属做出榜样，才能真正教育和带动全体人员落实各项安全管理制度，提高预防事故的能力。

二是齿轮法则。我们知道，齿轮是机械行业的一种典型的产品，是利用齿轮与轮齿相互啮合传递动力和运动的机械传动，故被称之为“传动之王”。安全生产管理实质上就是一种安全力的“管理传动”，就像一台复杂的机器，通过所有齿轮的相互啮合从而实现传递安全动力和形成安全运动的“齿轮传动机制”。实质上，齿轮法则就是关于安全生产管理“力”的形成、传递、增强及作用的方法和规则。

齿轮法则有三个特性。

（1）传动性。齿轮是通过齿轮与齿轮嵌套而产生传动性的。企业的安全生产管理就如一台巨大而精密的机器，各级组织、各项制度、各个岗位和员工就如同机器中必不可少的各个齿轮，通过相互嵌套产生安全动力，如果有一个或数个“齿轮”发生问题，必将影响安全动力的传送，导致安全生产管理“机器”的停运乃至损坏。

（2）主动性。齿轮传动是通过主动轮与从动轮轮齿直接传递运动和动力的，往往是主动轮转一圈，从动轮就能成倍地飞转。在企业安全生产管理中，上级与下级就犹如主动轮与从动轮的关系，上级这个“主动轮”的转动力度和速度决定了从动轮的转动力度和速度。因此，切忌上级这个“主动轮”不转、空转、乱转或转而无力。

（3）全面性。齿轮作为传动装置，不仅可以改变力的方向和速度，还可以在360度范围内任意改变力的作用点。安全生产管理不能只是安全部门的事，必须人人有责、事事有责，让所有的“齿轮”都能纵向到底、横向到边地聚合安全力的作用点，真正把安全生产管理做全、做细、做实、做好。

三是归零法则。有一条大家耳熟能详的安全宣传语：“爱妻爱子爱家庭，没有安全等于零”。这条安全宣传语不仅在社会和企业广泛流传、广受关注，而其深刻的内涵却揭示了一条安全生产管理的法则——归零法则，即发生任何事故（特别是重特大事故）都会造成个人、家庭和企业的重大损失，导致不可想象、不可挽回的后果，致使此前的所有安全工作成果和努力付之东流，一切归于零。我们常说的安全生产事故“一票否决”，实质上就是“归零法则”，其核心要义就是：安全生产管理要做到“万无一失”，避免事故发生后的“一失万无”。

归零法则有三个特性。

（1）人本性。人的生命只有一次，生命不可挽回，家庭的破碎不可重合，企业的发展不会重来。因此，安全生产管理必须要坚持以人为本、生命至上，真正把人们的生命安危放在首位，时时如履薄冰、如临深渊，恪尽职守，严格管理，切实防范一切事故的发生，真正做到本质安全。

（2）警示性。归零法则就是警示每一个企业、每一个领导、每一名员工要珍惜生命、保护家庭、热爱企业，充分认识到“安全就是生命，生命不能归零”，对安全事故“零容忍”，切实做到警钟长鸣，时刻绷紧安全生产这根弦，须臾不可松懈。宁要我们“归零”事故，而决不让事故“归零”我们。

（3）能动性。我们应坚信任何事故都是可以避免的，充分发挥预防事故的主观能动性。归零法则实质上是告诫我们：对事故的危险和严重后果最应了解的不是别人，而是我们自己；能预防事故和排除安全隐患的不是别人，而是我们自己。我们既要保证自己的生命和家庭不被事故“归零”，也要保证不使别人的生命和家庭被事故“归零”。

品牌文化建设

品牌是一个企业最重要的无形资产，是企业形象力的集中体现、产品号召力的最佳体现、核心竞争力的综合体现。品牌文化是品牌的精神象征。习近平总书记曾特别强调：要“推动中国制造向中国创造转变、中国速度向中国质量转变、中国产品向中国品牌转变”。这不仅为打造中国品牌指明了方向，也为中国企业的品牌文化建设明确了目标、任务和路径，具有重大而深远的意义。

企业品牌文化建设也是企业文化建设的一个重要组成部分，是企业文化中最具形象力、感召力的文化。当前，中国企业开展品牌文化建设，必须要贯彻落实习近平总书记关于“三个转变”的重要指示，结合《国务院办公厅关于发挥品牌引领作用推动供需结构升级的意见》《关于加快我国工业企业品牌建设的指导意见》《关于加强中央企业品牌建设的指导意见》等文件精神，以及 2017 年 5 月 10 日“中国品牌日”的开启，融入国家品牌发展战略进程，以打造具有世界水平的中国企业品牌为引领，创造性构建“3513485”品牌文化建设模式。

（一）理清三个基本概念

一是品牌。品牌是一种具有文化内涵和特殊价值意义的识别标志。

二是品牌文化。品牌文化是品牌制造者与消费者共同构建的品牌价值认知、心智沟通、情感共鸣和消费习惯的总和。

三是品牌文化建设。品牌文化建设是指品牌理念、品牌行为和品牌形象塑造的形成过程和结果。

（二）深刻认识五大品牌文化建设意义

一是品牌文化为品牌定向凝心；二是品牌文化为品牌定位铸魂；三是品牌文化为品牌定制塑形；四是品牌文化为品牌定势聚力；五是品牌文化为品牌定值增益。

（三）明确一个品牌文化建设的指导思想

以习近平新时代中国特色社会主义思想为指导，以国家品牌系列文件、“一带一路”倡议等为依据，以企业文化核心理念为统领，以优化提升品牌文化四层次结构功能为核心，以推进品牌文化创新为主线，以提高企业整体品牌质量和水平为重点，着眼于消费者不断增长的物质与精神文化需求，进一步丰富品牌文化内涵，夯实品牌文化基础，优化品牌文化结构，创新品牌文化载体，敢当中国企业品牌排头兵，加快打造具有高度自信、享誉世界的中国品牌。

（四）确立三大品牌文化建设目标

第一大目标：企业品牌文化建设取得高度共识，基本建立起以品牌精神层面为核心、制度层面为保障、行为层面为关键、物质层面为基础的品牌文化建设体系。

第二大目标：企业品牌文化创新效果不断显现，企业品牌文化建设取得阶段性成果，企业品牌文化建设经验得到理论化提升。

第三大目标：企业品牌文化建设取得质性突破，促进和实现了中国产品向中国品牌转变，中华民族品牌誉满全球。

（五）坚持四项品牌文化建设基本原则

一是坚持与时俱进、学习进取的原则；二是坚持求真务实、注重实效的原则；三是坚持自信自强、勇于创新的原则；四是坚持追求卓越、勇攀高峰的原则。

（六）抓住八大新时代品牌文化建设重点

一是以中国特色社会主义文化为底蕴，优化品牌文化建设的基因；二是加快中国品牌与品牌文化理论研究，精准定位品牌文化建设的基点；三是全面实施企业文化建设升级行动，夯实品牌文化建设的基础；四是创造性地实施品牌强企战略，抓住品牌文化建设的基本；五是着眼打造享誉世界的中国品牌，调高品牌文化建设的基线；六是研究建立品牌文化建设考核评价体系，确立品牌文化建设的基准；七是高度重视品牌文化人才队伍建设，培育品牌文化建设的基干；八是不断增强品牌文化内生发展动力，巩固品牌文化建设的基业。

（七）加强五项品牌文化建设保障措施

一是进一步提升对品牌文化建设重要性的认识；二是进一步强化品牌文化建设的主体责任；三是进一步开展品牌文化建设的教育培训和传播活动；四是进一步创新品牌文化建设的机制和模式；五是进一步加大品牌文化建设的资源保障。

廉洁文化建设

古人曰："不受曰廉，不污曰洁。""廉洁"通常指不损公肥私、不贪污，而廉洁文化则是一个人、一个组织在既涉利益冲突时所表现出来的精神状态和行为模式。习近平总书记曾指出："一个人能否廉洁自律，最大的诱惑是自己，最难战胜的敌人也是自己。"从这个意义上讲，企业的廉洁文化建设实质上就是一个不断警醒自己、约束自己、战胜自己的文化。

我们应该看到，党的十八大以来，习近平总书记站在党和国家工作全局的高度，发表了一系列关于党风廉政建设的重要论述，不仅为新形势下深入推进党风廉政建设和反腐败斗争提供了思想武器和行动指南，也为企业反腐倡廉和开展廉洁文化建设指明了方向，特别是为构建新时代中国企业廉洁文化建设模式绘制了“路线图”。

（一）对廉洁文化进行科学定位

廉洁文化是企业关于廉洁从业的信仰、思想、行为的总称，是企业文化的重要组成部分，也是企业党风廉政建设的重要内容。中国企业的廉洁文化建设，源自中华民族的优良文化传统，来自企业党风廉政建设的实践，产生于企业员工良好的道德行为和“自律”习惯的养成。企业开展廉洁文化建设，主要是以党风廉政建设为根本，以企业文化核心理念为指引，以廉洁理念为核心，旨在建立和完善企业的廉洁制度，构筑企业员工“不贪腐、不徇私、不渎职”的廉洁行为底线，打造廉洁文化的吸引力、影响力、渗透力，形成企业反腐倡廉的良好风尚。

（二）突出五个廉洁文化特征

一是坚持党的领导、全面从严治党的政治性特征；二是坚持以人为本、提高员工道德修养的人本性特征；三是坚持不忘初心、继承优良传统作风的传承性特征；四是坚持预防为主、注重警示预防的前瞻性特征；五是坚持自我革命、积极培育自重、自省、自警、自励的自觉性特征。

（三）发挥六项廉洁文化功能

六项廉洁文化功能即导向功能、规范功能、陶冶功能、凝聚功能、预防功能、守望功能。

（四）实现一个廉洁文化建设目标

企业廉洁文化的吸引力、影响力、渗透力不断增强，廉荣贪耻的价值观不断深入人心，广大员工向上向善、廉洁从业的意识不断提高，反腐倡廉的文化氛围和廉洁作风不断强化，人人不敢腐、不能腐、不想腐，把廉洁文化的软实力转化为企业的生产力、竞争力和凝聚力，为企业的健康、可持续发展发挥引领、支撑和“保驾”的作用。

（五）坚持五项廉洁文化建设原则

（1）服务中心、保障大局的原则。

（2）立足实际、注重实效的原则。

（3）抓住关键、全员参与的原则。

（4）保持一致、突出特色的原则。

（5）与时俱进、不断创新的原则。

（六）拓宽五个廉洁文化建设思路

（1）党委主责，严格制度，标本兼治，注重预防。

（2）纪委监督，执纪问责，指导协调，检查督促。

（3）党政共建，一岗双责，相互监督，以上率下。

（4）部门履职，各负其责，密切配合，形成合力。

（5）群众认同，积极参与，向善向上，爱岗敬业。

（七）优化四个层面的文化结构

（1）精神层面。廉洁文化建设以精神层面为核心，构建廉洁文化理念体系，作为企业廉洁从业、勤勉敬业、廉勤兴业的核心坐标，不断完善廉洁文化在重点行业、重点领域、重点岗位的职能应用。

（2）制度层面。廉洁文化建设要以制度层面为保证，坚决贯彻落实党中央党风廉政建设和反腐败斗争的重要指示精神及要求，建立完善和落实好各项廉洁规章制度。

（3）行为层面。廉洁文化建设要以行为层面为关键，构建廉洁文化行为规范体系，细化各岗位的日常行为规范，举行廉洁从业承诺、廉洁从业宣誓等廉洁文化建设团队仪式，开展主题突出、丰富多彩的廉洁文化活动等。

（4）物质层面。廉洁文化建设要以物质层面为基础，优化廉洁文化的物质资源，提供廉洁文化建设所需要的人、财、物等保证。

（八）创新“六强”廉洁文化建设方法

（1）强化领导带头。

（2）强化教育培训。

（3）强化典型示范。

（4）强化阵地建设。

（5）强化考核评价。

（6）强化资源保障。

（九）开辟“五融”廉洁文化建设路径

（1）把廉洁文化融入领导班子建设。领导班子是廉洁文化建设的关键，要求下级做到的，领导人员首先做到。

（2）把廉洁文化融入制度体系建设。制度体系是廉洁文化建设的规范化表现形式，是推进廉洁文化建设的有力保障，要不断完善廉洁从业教育培训工作制度、廉洁从业规定与行为规范、廉洁从业承诺和监督制度等。

（3）把廉洁文化融入运营生产管理。运营生产管理是廉洁文化建设的落脚点，要把廉洁文化建设与企业生产经营管理同规划、同部署、同实施、同考核、同奖惩，贯穿于重点领域、重点任务、重要岗位和关键环节之中。

（4）把廉洁文化融入各类工作岗位。要把廉洁从业的要求融入岗位职责，有针对性地制订各类岗位廉洁从业规范。

（5）把廉洁文化融入队伍素质的提升。员工队伍是廉洁文化建设的主体，必须将廉洁文化建设与员工队伍素质的提升有机地统一起来，使廉洁文化与人才培养相互作用、共同发展。

|第十一章|

唯天下至诚

——新时代中国企业文化的模式构建

新时代中国企业文化建设模式是企业主体的一种文化行为，是企业文化理论和实践的一种标准运行样式，具有一般性、简单性、重复性、结构性、稳定性和可操作性的特征，并根据实际情况的变化随时调整和完善。

因为企业的性质、规模、行业、地域等情况的不同，新时代中国企业文化的建设模式也不尽相同。

国有企业“三力合一”的企业文化建设新模式

作者认为，国有企业“三力合一”的企业文化建设新模式，是指以习近平新时代中国特色社会主义思想为指导，以坚持党的领导和加强党的建设为中心，以践行社会主义核心价值观为根本，以中国特色社会主义文化为基础，以培育具有全球竞争力的世界一流企业为引领，以深化国有企业治理结构创新改革为主线，着眼于新时代国有企业不断做强、做优、做大，创造性地构建国有企业党的领导力、文化支撑力、核心竞争力“三力合一”的企业文化建设新模式。

构建国有企业“三力合一”的企业文化建设新模式，是中国特色社会主义最本质特征在国有企业的重要体现、文化实现和价值呈现，应重点做好以下两个方面的工作。

（一）以“六大新坐标”为“三力合一”模式构建的基准

一是以源自中华民族五千年文明历史所孕育的中华优秀传统文化，熔铸于党领导人民在革命、建设、改革中创造的革命文化和社会主义先进文化，植根于中国特色社会主义伟大实践的中国特色社会主义文化为国有企业文化基因传承的新坐标。

二是以坚持文化自信是更基础、更广泛、更深厚的自信，是更基本、更深沉、更持久的力量，为国有企业文化价值定位的新坐标。

三是以坚持党的领导、加强党的建设，是我国国有企业的光荣传统，是国有企业的“根”和“魂”，是我国国有企业的独特优势，为国有企业文化核心结构优化的新坐标。

四是以国有企业领导人员必须做到对党忠诚、勇于创新、治企有方、兴企有为、清正廉洁，为国有企业文化核心领导力的新坐标。

五是使国有企业成为党和国家最可信赖的依靠力量，成为坚决贯彻执行党中央决策部署的重要力量，成为贯彻新发展理念、全面深化改革的重要力量，成为实施“走出去”战略、“一带一路”建设等重大战略的重要力量，成为壮大综合国力、促进经济社会发展、保障和改善民生的重要力量，成为我们党赢得具有许多新的历史特点的伟大斗争胜利的重要力量，为国有企业文化功能提升的新坐标。

六是以要坚持有利于国有资产保值增值，有利于提高国有经济的竞争力，有利于放大国有资本功能的方针，推动国有企业深化改革，提高经营管理水平，加强对国有资产的监管，坚定不移地把国有企业做强、做优、做大，为国有企业文化考核评估的新坐标。

（二）以考核评价为“三力合一”模式构建的基石

随着中国特色社会主义从“新时期”走向“新时代”，作为中国特色社会主义的支柱国有企业，也进入了从“做强、做优、做大国有企业”到“做强、做优、做大国有资本”、从“培育具有国际竞争力的国有骨干企业”到“培育具有全球竞争力的世界一流企业”的新征程。因此，国有企业“三力合一”企业文化建设新模式的构建与运作，必须以提高企业效益、增强企业实力、实现国有资产保值增值作为出发点和落脚点，以不断提升国有企业的核心竞争力为根本标准，采取新思路、新方法、新路径，形成一套科学的考核评价机制，使党的领导力、文化支撑力最终体现为国有企业的核心竞争力。

建立科学的“三力合一”企业文化考核评价机制，应把握以下重点。

一是以习近平关于党建、文化和国有企业改革发展等重要论述为指引，以不忘初心、强化核心、坚强党的领导力，围绕核心、深入人心、增强企业文化力，凝聚人心、融入中心、做强核心竞争力，为考核评价机制的切入点，坚持导向性、融合性、系统性、简约性、实效性原则。

二是根据企业文化精神、制度、行为、物质四层次结构原理，将“三力合一”企业文化考核评价的内容和要求融入国有企业现有的各项考核评价体系中，对现有的考核评价体系用“三力合一”企业文化的理念体系、行为规范体系和形象识别体系进行校准，补充和完善现有的考核规则和方法，从而形成科学、有效的“三力合一”企业文化考核评价制度。

三是突出文化考核是更基础、更广泛、更深厚的考核，以企业的使命、愿景、核心价值观和精神为统领，以企业现有的各项考核评价机制为基础，将“三力合一”企业文化考核评价的各项要素指标变成可测量的具体目标，将具体目标变成可理解、可操作、可实现的具体行为，从而有效解决“三力合一”企业文化“落地”的难题。

四是注重“三力合一”企业文化考核评价的目的与方法有机统一、考核评价的过程与结果有机统一、考核评价的严格实施与不断创新有机统一，采取“五统五分”的方法，即统一认识，分层级深化；统一组织，分模块实施；统一标准，分重点评估；统一流程，分阶段展开；统一评价，分类别量化。

五是科学划定“三力合一”企业文化考核评价的主要内容。

在党的领导力方面：①以思想引领为切入点。主要以从严治党治企、强化思想教育、坚定理想信念、凝聚发展力量为主线，以党员领导干部为关键、以员工党员为重点、以普通员工为主体，以政治坚定、勇于担当、敢于创新、廉洁有为等为考核评价重点。②以学习成长为出发点。主要以“不忘初心、牢记使命”制度化和“两学一做”常态化为主线，以企业领导和员工个人在政治、业务、文化、生活等方面的学习成长进步和业务能力提升等为考核评价重点。③以组织建设为关键点。主要以企业党委、党支部、党小组为主体，充分发挥党组织的领导核心和政治核心作用，以党建、思想政治和宣传工作、干部与人才队伍建设、精神文明建设、发挥群团作用、做好综治稳定、促进和谐建设等为考核评价重点。

在文化支撑力方面：①以理念践行为根本点。主要以“三力合一”企业文化理念体系为主导，围绕理念与行为的有机统一，突出国有企业的使命担当和愿景目标的实现，以年度任务指标的完成、利润指标控本增效、产品与服务质量、安全环保、节能减排、“三重一大”事项和决策的规范化、科学化等为考核评价重点。②以行为养成为落脚点。主要以“三力合一”企业文化行为规范体系为主导，建立健全各项管理制度，积极传承和弘扬国有企业的优良传统和作风，以企业的经营、管理、质量、安全、效益、廉洁等制度落实与行为体现为考核评价重点。③以形象塑造为着眼点。主要以“三力合一”企业文化形象识别体系为主导，以企业党员领导干部为表率，以企业党组织和党员的精神风貌为榜样，以各类先进组织和模范人物评比为重点，以企业的 VI 识别体系和人员、组织、产品、环境形象等为考核评价重点。

在核心竞争力方面：①以独有的战略性资源开发应用为着力点。主要是建立产权明晰、管理科学的现代企业制度，通过上市、换股、定向增发、合资、合作、并购、引入国际资金等多种融资途径，形成具有企业竞争优势的战略资源，以企业规模效益的提升、资产保值增值、资本功能放大等为考核评价重点。②以独特的可持续发展能力为制高点。主要围绕企业主业突出、主体精干、主要业绩优越，打造具有活力和创造力的现代化企业，以拥有的学习实践、理论研究、人才培养、科技研发、生产制造、创新创造、风险防控等能力为考核评价重点。③以独具的核心价值体系为支撑点。主要是围绕企业的使命担当、履行社会责任、企业与员工的价值创新提升，以企业合规诚信、对国家和社会的贡献、员工收入的增加和健康幸福生活，学习教育培训保障、生产生活环境改善、慈善环保、社会信誉度和美誉度等为考核评价重点。

例如，中国航发西航运用“铸融一心”企业文化建设模式推进集团铸心文化落地，就具有很好的学习参考价值。“铸融一心”是中国航空发动机集团有限公司（以下简称中国航发）着眼于加快实施航空发动机及燃气轮机国家科技重大专项，为建成世界一流的航空发动机集团，铸造航空装备的强劲“中国心”而着力开展的集团文化建设。西安航空发动机（集团）有限公司（以下简称西航）作为中国航发集团的骨干企业，紧紧围绕集团“铸心文化”建设要求，结合航空发动机制造企业的特点，以习近平新时代中国特色社会主义思想为指导，以社会主义核心价值观为引领，将党的建设、企业文化、中心工作进行有机结合，创造性地构建了西航“铸心文化”实践模式（如图 1 所示），不仅为西航文化建设明确了目标、方向和基本路径，同时也促进了西航党的领导力、文化支撑力、核心竞争力的有机合成。

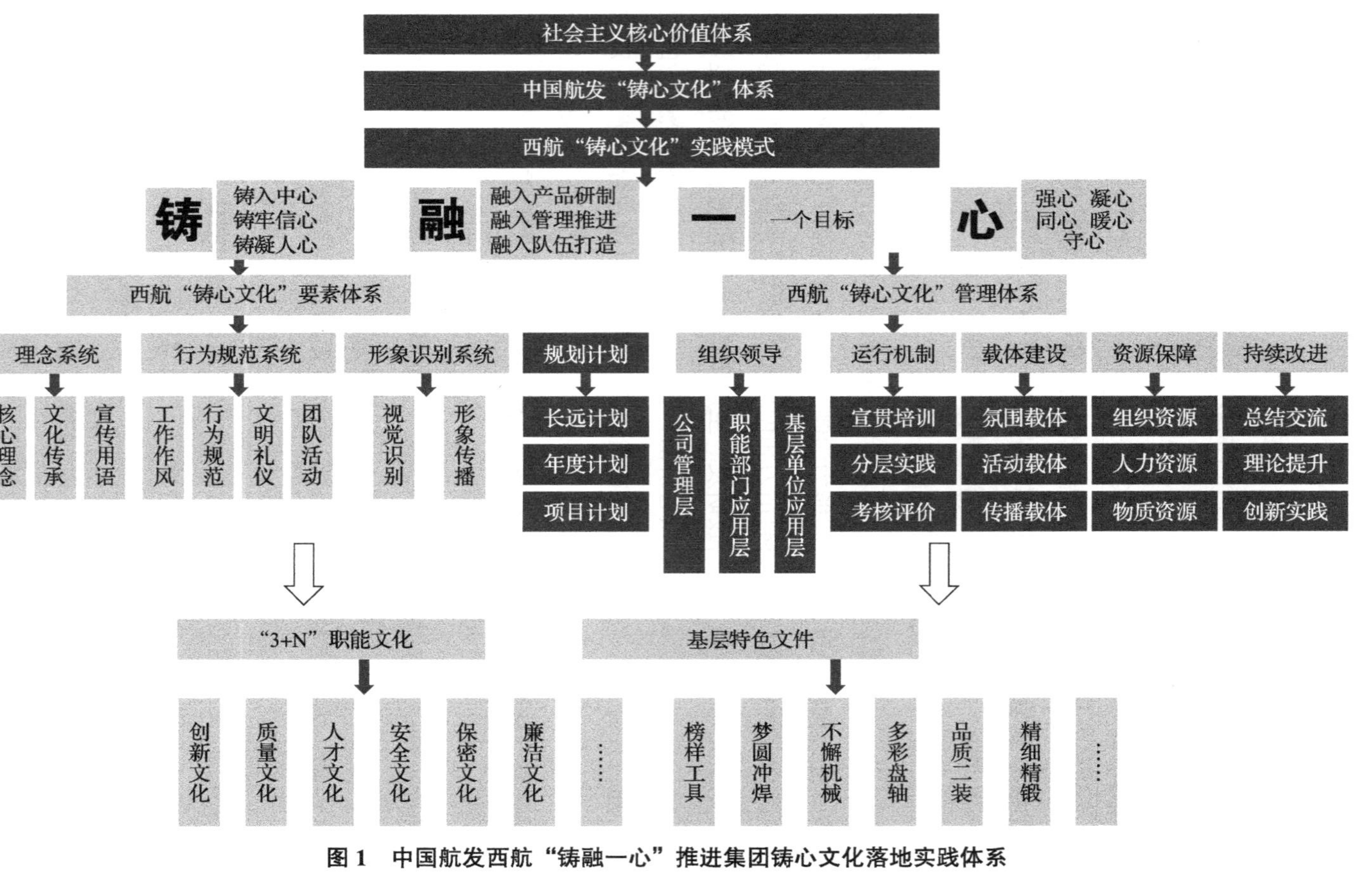

图 1　中国航发西航“铸融一心”推进集团铸心文化落地实践体系

民营企业“五位一体”的企业文化建设新模式

作者认为，民营企业“五位一体”的企业文化建设新模式，是指以2018年11月1日习近平总书记主持召开的民营企业座谈会为新时代中国民营经济发展的历史新坐标，创造性地构建了道、法、术、器、场“五位一体”的民营企业文化建设新模式。

第一，要立道——构建“五位一体”民营企业文化建设模式的核心价值。

道，是指核心思想、理念、本质规律等。所谓立道，就是明确和建立企业的核心价值主张，属于企业文化的精神层面结构，主要由企业文化中的企业哲学、企业价值观、企业道德、企业精神等企业的意识活动组成。民营企业和企业家应把自己的核心价值追求作为企业文化生成的源泉，定位于企业文化结构的核心层次，以企业使命、企业愿景、企业核心价值观、企业精神等进行理念化表达，成为企业文化的核心价值理念，并以此构建企业文化的理念体系、行为规范体系和形象识别体系，从而全方位体现企业发展的核心要求、价值追求、理想诉求，成为企业员工的思维方式、行为态度和精神心理活动至高无上的法则。

立道是构建“五位一体”民营企业文化建设模式的核心。民营企业和企业家一定要坚信党中央坚持基本经济制度，坚持“两个毫不动摇”的坚定立场，充分认识到民营企业在国家经济中的重要地位和作用，吃下“定心丸”、当好“自己人”，以高度的文化自觉，立道明向。一是根据习近平总书记关于“我国民营经济只能壮大、不能弱化，不仅不能‘离场’，而且要走向更加广阔的舞台”的重要讲话精神，立足自身发展，进一步明确新时代企业使命，重新描绘企业愿景。二是要坚持广大民营企业家以敢为人先的创新意识、锲而不舍的奋斗精神，在以往优秀民营企业家奋发努力、艰苦创业、不断创新、创造中国奇迹的基础上，进一步确立新时代企业的核心价值观和企业精神。三是深入总结和分析近年来民营企业在经营发展中遇到的困难和问题，深刻分析外部因素和内部因素、客观原因和主观原因，围绕新的企业使命、愿景、核心价值观和精神，进一步完善或构建新的企业文化体系，即企业文化理念体系、行为规范体系和形象识别体系，从而形成企业文化凝心聚力、铸魂塑形之“道”，也就是企业文化结构中最核心的精神层面，为企业文化建设指方向、循规律、把特征，成为企业发展的正确价值坐标和卓越运行轨迹。

第二，要定法——建立“五位一体”民营企业文化建设模式的运作机制。

法，是指法律、法令、法规、制度等。所谓定法，就是将企业文化之道进行制度性固化，属于企业文化的制度层面结构，是企业文化精神层面的制度化体现，是企业文化理念体系、行为规范体系和形象识别体系作用于企业战略、生产、经营、管理，以及规范企业与员工行为而制订的包括政策、条例、规章、措施等各项制度的总和。企业制度的制订必须遵循企业文化之道，反映企业的核心价值诉求。

定法是构建“五位一体”民营企业文化建设模式的关键。当前，民营企业和企业家一定要客观看待和面对激烈的市场竞争环境，设身处地地查找自身的问题和不足，着眼企业长远发展，正确处理道与法的关系，明道定法，把自己的信仰信念、核心价值观、性格禀赋转化为企业制度，从而形成自己独有的精神特质和行为风格。一是加紧做好企业产权制度建设，做到产权清晰、落实到个人，避免产生产权纠纷，保持企业科学的决策机制，保证企业发展新老交接和有序传承。二是加紧做好守法合规经营制度建设，筑牢企业守法合规经营底线，依法经营、依法治企、依法维权，认真履行环境保护、安全生产、职工权益保障等责任，塑造良好形象。三是加紧做好履行社会责任制度建设，重信誉、守信用、讲信义，自觉强化信用管理，积极参与社会公益、慈善事业。四是加紧做好现代企业组织制度建设，适应管理现代化的要求，完善内部激励约束机制，任人唯贤，规范和优化业务流程和组织结构，建立科学、规范的劳动用工、收入分配制度，推动质量、品牌、财务、营销等精细化管理。五是加紧做好学习创新制度建设，要加强自我学习、自我教育、自我提升，敢于创业、勇于创新、善于创造，因地制宜地聚焦主业加快转型升级，参与国有企业改革、国家重大战略实施和科学技术项目攻关，不断提升核心竞争力。六是加紧做好企业党建制度建设，要根据《中共中央国务院关于营造更好发展环境　支持民营企业改革发展的意见》，结合自身企业实际，适时建立健全企业党建工作机制，设立党组织，积极探索创新民营企业党建工作方式，围绕宣传贯彻党的路线方针政策，团结凝聚职工群众建设先进企业文化。

第三，要新术——创新“五位一体”民营企业文化建设模式的作用功能。

术，是指方法、策略、技艺、技巧等。所谓新术，就是以道为核心、以制度为遵循，对企业经营管理的方式方法、策略手段等进行创新，属于企业文化的行为层面结构，是指企业及员工受企业哲学、核心价值观、精神、道德等道的层面的影响，由企业制度支配而表现出的行为及行为方式，是企业文化精神层面和制度层面的动态体现。

新术是构建“五位一体”民营企业文化建设模式的重点。习近平总书记曾指出：“在经济高速增长时期，一部分民营企业经营比较粗放，热衷于铺摊子、上规模，负债过高，在环保、社保、质量、安全、信用等方面存在不规范、不稳健甚至不合规合法的问题。”不难看出，这些问题都是企业行为的表现，是因企业经营管理的方式方法、策略手段的错误、失误或不当所造成，表面上看是企业制度不健全、管理不落实、社会责任感不强，但其背后的实质原因则是企业文化问题，是企业和企业家的信仰信念、价值观、精神等道的层面出现问题，并由此导致法的层面——企业的战略、经营、管理等方面的规章制度不正确、不科学、不健全，或者是形同虚设、有法不依，从而致使企业经营管理的各种问题不断。因此，我们必须要深刻地认识到：立道、定法是新术的前提，新术是立道、定法的结果。

那么，我们应该怎样在立道、定法的基础上进行术的创新呢？

一是要立道定法，以企业和企业家崇高的精神境界和道德制度规范作为核心价值坐标，正确处理国家利益、社会利益、企业利益、员工利益和企业家个人利益之间的关系。二是要布道尊法，把企业和企业家的核心价值坚守，转化为企业员工内心深处的一种价值追求、情感力量和行为习惯，表现为对民族、国家、事业的信仰追求。三是要明道守法，自觉依法合规地经营，强化诚信意识，主动抵制逃税漏税、走私贩私、制假贩假、污染环境、侵犯知识产权等违法行为，不做偷工减料、缺斤短两、以次充好等亏心事，在遵纪守法方面争做社会表率。四是要弘道执法，引领企业战略、主导企业经营、规范企业管理、推动企业发展，大力弘扬“爱岗敬业、争创一流，艰苦奋斗、勇于创新，淡泊名利、甘于奉献”的劳模精神，培养知识型、技能型、创新型企业员工。五是要问道强法，打造企业核心价值链和行为链，知行合一，不断增强企业的向心力、凝聚力和创造力，将价值力转化为文化力，将文化力转化为生产力，将生产力转化为竞争力，将竞争力转化为中华民族复兴大任的担当力。

第四，要重器——筑牢“五位一体”民营企业文化建设模式的器物支撑。

器，是指器具、器物、形状、形象等。所谓重器，就是重点构建企业文化建设的物质体系、创新创造企业的物质价值，属于企业文化的物质层面结构，是企业文化精神层面、制度层面和行为层面的外在表现和价值体现，主要包括企业的技术、设备、材料、产品、服务、工作和生活环境等。物质层面是企业文化结构最表层的部分，是人们直接可以感受到的，从直观上把握不同企业文化的依据。

重器是构建“五位一体”民营企业文化建设模式的物质基础。器作为物质层面，是道——精神层面、法——制度层面、术——行为层面的表层形式，体现道、法、术的内涵和特色，就好比栽什么树开什么花、结什么果一样。器作为企业文化的物质载体，是道、法、术发挥作用的物化形态和价值体现，应予以高度重视，重点在以下几个方面下功夫：一是在生产资料方面要下功夫，主要包括企业的建筑物、机器工具、设备设施、原料燃料等，这些是企业直接生产力的实体，是企业进行生产经营活动的物质基础。二是在企业的产品生产方面下功夫，主要是通过有目的的具体劳动，把道——精神意识中的许多表象变为具有实际效用的物品，不时地按照一种文化心理来塑造自己的产品，使产品的使用价值从一开始就蕴含着一定的文化价值。三是在企业名称和企业象征物方面下功夫，要把企业名称和企业象征物作为道的可视性特征，充分体现企业的文化个性，并把其作为一种文明、智慧、进步的结晶奉献给社会，显示企业的文化风格。四是在企业对员工素质形成的实体手段方面下功夫，包括企业对员工在生产经营活动中的劳动所建立起来的必要的保健、卫生、安全等设施设备，对员工提高文化知识、科学技术素质所建立起来的必要的技术培训、职业教育、文化教育等设施等。

需要注意的是，器是道、法、术的物质载体，是道、法、术赖以存在的物质基础，不仅反映了不同企业文化的内涵和要求，还是一个企业的企业文化先进与否的重要标志。

第五，要造场——优化“五位一体”民营企业文化建设模式的生态环境。

场，是指范围、场所、环境、氛围等。所谓造场，就是围绕企业的核心价值主张，不断优化企业文化的精神层面——道、制度层面——法、行为层面——术、物质层面——器等层面结构，重点构建企业的文化场，也就是企业文化的时空体系和生态环境。

造场是构建“五位一体”民营企业文化建设模式的重要保证，企业文化的形成是一个过程。企业组织成员都是带有一定的文化背景来到企业的，因此，企业里面各种文化的交融就必然形成了一定的文化场。我们应该充分认识到，以上所讲的道、法、术、器的组合实施过程，实质上是一组价值主张、价值凝聚、价值创造和价值分享的过程，而这种过程形成的表现形式就是创造企业文化场。众所周知，企业是一个生命体，企业文化作为企业的生命基因，实际上就是企业生态环境中一个特殊的生命体，并以其特殊的生态系统影响和改变着企业的生态环境。道、法、术、器实质上就是一组文化基因，其价值取向和行为方式构成了企业文化的生态价值链，主导着企业生态环境的物质循环、能量转换和新陈代谢，以决定企业的生存和发展。回想一下，从立道到定法、从定法到新术、从新术到重器、从重器到造场，实际上已经构成了一个完整的企业文化生态环境“链条”。造场就是用道、法、术、器凝聚企业的主体因素、自然因素和社会因素，着眼于企业的生态环境与社会生态环境的有机统一，实施企业文化建设的总体策划、职能构建、规划计划、文件规范、监督考核、资源优化、测量评估、体系评审、措施保障、学习创新等，从而成体系、有步骤地全面推进企业文化生态环境改变。

一是将道、法、术、器进行层次性展开和功能转化，融入各级领导、部门和所有人员的岗位中去，在企业管理中进行分配和定位，成为可量化的具体指标。

二是要注意实事求是、讲求科学，从企业文化建设的实际需要出发，依据企业文化的相关理论和规律，对道、法、术、器企业文化生态环境机理系统的建立和实施，进行科学分析、研究判断、周密计划，以丰富内涵、明确标准、突出重点、量化规范、确保成效。

三是要注意道、法、术、器内容的全面性、过程的完整性、管理标准的统一性、环境控制的有效性、组织领导的协调性，成为一个系统的有机整体，各部分相互联系、相互作用，让系统功能作用得到有效发挥。

四是要注意道、法、术、器系统的实施必须要明确责任，企业第一领导人是第一责任人，各级领导团队统筹管理，各部门分工负责，员工全体参与，立足岗位，各司其职、各负其责、齐抓共管。

五是要不断解放思想、敢于创新，不墨守成规、不搞教条主义、本本主义，在道、法、术、器系统的实施过程中，及时总结经验，不断改正问题，勇于改革创新。

六是道、法、术、器必须是能够检测的，要进行科学化、系统化、规范化的测量，对道、法、术、器全系统进行“体检”，对其实施效果进行有效的测评、考核和评价，使之不断地得到改正和完善。

最后，希望大家注意：民营企业“五位一体”企业文化建设新模式中的道、法、术、器、场五个层面，由上至下，是上一层面决定下一层面，即道以立魂，化于法；以定制，化于术；术以策行，化于器；器以成形，化于场。大家也可以理解为“道生法、法生术、术生器、器生场”。

如果此模式中的道、法、术、器、场五个层面，由下至上，则是下一个层面影响上一个层面，即时空体系影响物质体系建设；物质体系影响行为体系建设；行为体系影响制度体系建设；制度体系影响精神体系建设。

对于“五位一体”企业文化建设新模式的运用，我们以华为公司的《华为基本法》的结构内容进行分析研究和理解运用。

如果我们对《华为基本法》进行深入地研究分析，不难发现其基本原理、架构和内涵所体现的就是一个道、法、术、器、场“五位一体”的企业文化建设模式。

例如，第一章《公司的宗旨》主要包括核心价值观、基本目标、公司的成长、价值的分配等，重点表述和针对的就是企业文化的“道”的层面。

第二章《基本经营政策》主要包括经营重心、研究与开发、市场营销、生产方式、理财与投资等。

第三章《基本组织政策》主要包括基本原则、组织结构、高层管理组织等。

第四章《基本人力资源政策》主要包括人力资源管理准则、员工的义务和权利、考核与评价、人力资源管理的主要规范等，重点表述和针对的就是企业文化的“术”的层面。

第五章《基本控制政策》主要包括管理控制方针、质量管理和质量保证体系全面预算控制、成本控制、业务流程重整、项目管理、审计制度、事业部的控制、危机管理等，重点表述和针对的就是企业文化的“器”的层面。

第六章《接班人与基本法修改》重点表述和针对的就是企业文化的“法”的层面。

第一章至第六章的整体实施及运作管理过程，重点阐述的就是企业文化“场”的层面。

我们再以腾讯文化 3.0 为例。

2019 年 11 月 11 日是腾讯 21 岁生日，腾讯正式宣布全面升级腾讯文化，发布了腾讯文化 3.0。马化腾、刘炽平和腾讯全体总办专门发出了内部邮件——《写在腾讯文化 3.0 发布之际》。表示腾讯文化在传承历史的同时，开启了面向未来的全新进化。以“用户为本，科技向善”为公司新的使命愿景，以“正直、进取、协作、创造”为公司新的价值观。从表面上看，腾讯将原来的企业愿景与使命进行了合并优化，文字更为精炼；将原来的企业价值观“合作”升级为“协作”，“创新”升级为“创造”，对公司有了新的更高的价值指引与要求。但需要我们注意的是，使命、愿景和价值观属于企业文化“道”的层面，也就是核心层面。所以，虽然仅仅是几个文字的变化与组合，其实质上必将引起腾讯企业文化整个系统的升级改造，也就是按照腾讯新的使命、愿景和价值观，由上至下地进行“道、法、术、器、场”的层层变革。如果按照腾讯的说法：“让文化融入我们的血液，成为一种自然的选择”，向往它、认同它、落实它、坚守它，然后去传承它，下一步必须做到由道生法、由法生术、由术生器、由器生场。因为只有这样，腾讯文化的升级改造才算真正完成。其具体做法可以是“五个必须”。

一是必须以“道”明向，依照公司新的使命、愿景、价值观的内涵及要求，重新确立公司的未来发展方向、发展战略和经营管理模式。

二是必须以“法”定规，根据公司新的使命、愿景、价值观，对公司的发展战略、经营管理等制度措施进行修改和完善，用“法”的形式进行固化。

三是必须以“术”施策，不断创新公司新使命、愿景、价值观“落地”的方式方法，大力增强公司企业文化的导向力、凝聚力和创造力。

四是必须以“器”增力，以公司新使命、愿景、价值观为指引，保持对前沿和未来领域的关注和投入，以更有分量、更具结果的导向去加大技术和产品创新。

五是必须以“场”化魂，围绕公司的新使命、愿景、价值观，由上至下地将“道、法、术、器”进行分层次价值传递和功能转化，印在人们的脑海里，化在人们的行动中，成为公司所有人的思维习惯和行为习惯。

集团公司“九化管控”的企业文化建设新模式

集团公司“九化管控”的企业文化建设新模式，是指以习近平新时代中国特色社会主义思想为指导，着眼于打造具有全球竞争力的世界一流企业集团，遵循企业文化建设的基本规律，结合集团公司企业文化建设的特点，以科学化定位、体系化构建、结构化筑基、职能化推进、层级化变压、本质化统一、精细化校准、品牌化塑造、价值化体现构建集团公司“九化管控”企业文化建设新模式。

集团公司企业文化（以下简称集团文化）是一种复合式企业文化，是以集团核心价值取向为主导的，在生产经营实践中逐步形成的文化观念、文化形式和行为模式，是集团企业价值博弈的活动的成果。集团文化除了具有企业文化的一般性特征外，还具有一些其他重要特征，即复合性特征、战略性特征、主导型特征、整合性特征、裂变性特征。集团文化的结构和载体与企业文化是一样的，即基础结构、主体结构、表层结构和主体载体、组织载体、制度载体、物质载体。但集团文化除了具有企业文化的一般功能外，还具有引领战略、支撑发展、凝聚力量、主导管理、传递价值、塑造形象等重要功能。当前，许多集团公司在企业文化建设方面存在诸多难题，例如，有的集团公司是“集而不团、团而不聚”，集团文化形不成核心；有的集团公司的集团文化缺乏积淀；有的集团公司的企业文化定位不准确，企业文化体系不健全，集团与下属公司企业文化建设关系不明确等，让集团文化难以“落地”；有的集团公司是几个集团合并重组，历史与文化各不相同，集团文化难以融合形成；有的集团公司下属企业的种类繁多，管理跨行业、跨地域、跨国界，难以实施集团文化管控；有的集团公司是下属企业性质各不相同，包括上市企业、合资企业、混合所有制经济企业，文化大相径庭，文化建设难度大。因此，在中国特色社会主义进入新时代的重要历史时刻，适时构建集团公司“九化管控”企业文化建设新模式，既体现了集团公司跨入新时代企业文化建设的新定位、新使命、新蓝图，也彰显了集团公司在新时代企业文化建设中的新决心、新思路、新措施。

（一）科学化定位

科学化定位是指集团文化是集团公司和全体员工的灵魂、血脉和员工的精神家园，体现为集团公司及其成员共同形成的向心力、凝聚力和创造力，表现为集团公司的核心价值支撑、智力支持、精神支柱和动力源泉，是集团公司价值追求活动的结果。

一是要把集团文化建设作为以中国特色社会主义文化为底蕴，学懂弄通如何做实习近平新时代中国特色社会主义思想，践行社会主义核心价值观的“奠基石”。

二是要把集团文化建设作为坚持党的领导，加强党的建设，不忘初心、牢记使命，建设具有全球竞争力的世界一流企业集团的“压舱石”。

三是要把集团文化建设作为扎实推进企业改革创新，完善治理、强化激励、突出主业、提高效率，以不断提高集团核心竞争力为根本标准的“试金石”。

四是要把集团文化建设作为优化发展战略、改善经营管理、创新产品服务、提高经济效益、奉献国家和社会、培养优秀人才，提升集团核心价值的“磨刀石”。

五是要把集团文化建设作为坚持以人为本、以文化人，凝心聚力、铸魂塑形，塑造集团核心价值、核心认知、核心行为、核心力量，坚定文化自信的“女娲石”。

六是要把集团文化建设作为企业讲求诚信、守法合规，反腐倡廉、风清气正，员工士气高昂，充满幸福感、获得感、安全感和自豪感的“五彩石”。

（二）体系化构建

体系化构建是指依照企业文化以人为本和以文化人的核心要求，突出“文”和“化”的不同功能，按照要素管理和过程管理相结合的方法，将集团文化分为企业文化要素体系、企业文化管理体系两部分，以确保集团文化核心理念不断深化，行为规范不断完善，视觉形象更加统一，职能应用更加广泛，过程管理规范受控，为集团公司健康、长远地发展提供文化引领和支撑作用。

体系化构建的基本模式，可以借鉴中国航天科技集团有限公司的做法。如图 2 所示。

（三）职能化操作

职能化操作是指在集团文化建设中厘清责任主体，突出职能化操作，也就是通过各个责任主体，将企业文化建设中的各组相互关联、相互作用的要素，进行计划、组织、指挥、控制及协调等活动，确保企业文化建设的目标得以实现。

一是进一步明确集团公司从上到下各级各单位一把手是企业文化建设的第一责任人，增强责任主体意识，突出一把手在集团文化和本单位企业文化建设中的职能化操作。

二是进一步明确集团公司从上到下各级各单位副职领导是其分管的职能工作和职能文化建设的第一责任人，如分管科研、生产、质量、安全的副职领导，应负责科研文化、生产文化、质量文化、安全文化建设，增强副职领导的文化意识和责任主体意识，突出副职领导在集团文化和职能文化建设中的职能化操作。

三是进一步明确集团公司各级机关部门是其职能文化建设的第一责任主体，如科研、生产、质量、安全等部门，应负责科研文化、生产文化、质量文化、安全文化建设，增强机关各部门的文化意识和责任主体意识，突出机关各部门在集团文化和职能文化建设中的职能化操作。

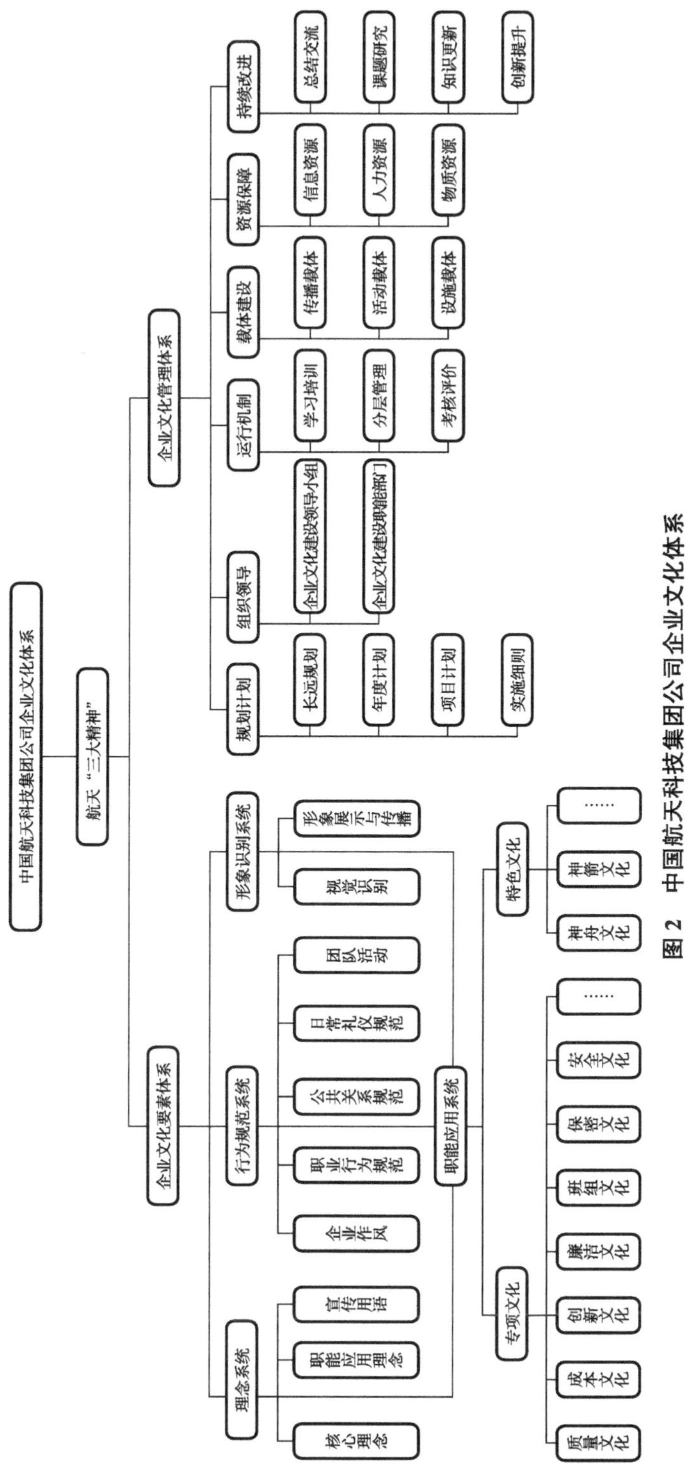

图2　中国航天科技集团公司企业文化体系

（四）工程化推进

工程化推进是指将集团文化建设作为一项伟大的“工程”，运用工程化思维和工程化方法，通过工程构想与工程设计等，将集团文化建设的内容和要求，转化为可理解与可操作的“路线图”，就如同建筑物、汽车等产品的开发一样，形成一套特有的打造模式，以保障集团文化系统的整体顺利运行。

一是成立集团文化建设推进领导小组，组织领导集团文化系统建设和整体推进。

二是制订集团文化中期、长期发展规划和具体落实措施。

三是研究制订集团文化建设的标准体系和考核评价办法等。

四是建立培养集团文化的人才队伍。

五是制订切实可行的集团文化建设所需要的人力、财力、物力等资源保障措施。

六是建立集团文化的理论研究和实践创新机制，将集团文化建设的成功经验上升为集团文化建设理论。

七是建立集团文化建设的顾问和专家团队，适时指导集团文化建设。

……

（五）层级化变压

层级化变压是指将集团文化由上而下进行层级化变压，全系统、分层次、有重点、成体系地进行集团文化建设。

集团公司为一级文化变压。这是集团文化建设的“核心指导”层级，对集团公司及下属企业的企业文化建设具有方向性、指导性、控制性和标志性作用。

集团下属公司为二级文化变压。这是集团文化建设的“指导管理”层级，具有承上启下的地位和作用。

集团下属公司的厂（所）为三级文化变压。这是集团文化建设的“管理应用”层级，是集团文化建设的关键层级。

集团下属公司的厂（所）所属车间（工段）、处（室）为四级文化变压。这是集团文化建设的“应用执行”层级，是集团文化建设的“桥头堡”。

集团下属公司的厂（所）所属车间（工段）和处（室）的班组为五级文化变压。这是集团文化建设的“执行操作”层级，是集团文化建设的“终端”。

（六）本质化统一

本质化统一是指集团文化共性与集团下属公司的企业文化个性的统一。共性是集团文化建设的本质引领和普遍性，集团下属公司的文化个性属于集团文化的特殊性。实施集团文化的本质化统一，是以集团核心价值体系为主导，以集团使命、愿景、核心价值观、精神等为核心，以集团文化体系为基础，通过特有的方法和途径，凝聚集团所有企业和员工的认同和认知，形成集团及下属单位共同文化本质和特征的过程。

一是根据集团自身文化建设的需要，确立全集团上下必须统一的文化要素，如集团的核心价值观、精神、行为准则和作风、形象识别体系等，集团下属各单位必须统一执行，不能另行设计制订。

二是集团下属各单位在执行集团统一规定的文化要素基础上，可以依据集团使命、愿景，结合各自单位的职能任务，自行设计制订本单位的使命、愿景及其他职能理念、行为规范等。

三是集团文化的职能理念部分，由集团机关各部门结合实际，以其为核心设计各自的职能文化建设体系，编制相应的职能文化手册，如《质量文化手册》《安全文化手册》等。

四是集团统一的共性文化要素和各单位自行设计制订的个性文化要素要相互联系、相互支撑、相互作用，既形成一个统一的集团文化大系统，也可以分成各具特色的单位文化分系统。

五是集团各下属单位要特别注意，对集团文化的本质化统一，不能仅仅是文化体系、文字表述上的统一，更重要的是在本单位企业文化建设的过程中体现集团文化的本质要求。

（七）精细化校准

精细化校准是指用集团文化体系及内涵对集团各项规章制度进行精细化校准，确保企业文化的理念及内涵转化为企业的规章制度及工作标准，并以此制约、规范企业和员工的行为。

一是对集团文化自身制度措施的精细化校准，不断改进和完善，使集团文化打造有法可依、有规可循。

二是用集团文化对集团现有的各项规章制度和标准规定进行精细化校准，不断修改和完善。

三是用集团文化为统领，依据企业各项制度和标准的实施情况，建立集团文化考核评价体系，对集团文化建设的实际状况进行校准，不断改进和完善。

（八）品牌化塑造

品牌化塑造是指将集团文化转化为“文化品牌”，成为打造具有全球竞争力的世界一流企业集团的文化印记和文化名片。

一是注重集团文化的历史积淀和传承，不断总结经验，并将经验上升为文化理论，打造为集团的文化理论品牌。

二是注重集团文化的行业特色打造，使集团文化在行业内和社会上独树一帜，成为行业企业文化品牌。

三是注重集团文化在集团产品和服务上的渗透，彰显集团的文化内涵，使之成为对市场和消费者的品牌效应。

四是注重以人为本，将集团文化人格化，树立集团英模人物、先进团队的品牌形象。

五是注重将集团文化的建设成果打造成文化产品，彰显集团特色、集团品格、集团气派。

六是注重集团文化的知识产权化，加强文化知识产权意识，保护集团文化资源，构建集团文化知识产权保护体系。

（九）价值化体现

价值化体现是指集团文化必须由价值主张转化为价值创造，引领和支撑集团创新发展，重点体现在以下六个方面。

一是体现为集团具有学懂弄通做实习近平新时代中国特色社会主义思想，秉承社会主义核心价值观，根植中国特色社会主义文化的践行力。

二是体现为集团具有建设富强民主文明和谐美丽的社会主义现代化强国，实现中华民族伟大复兴的担当力。

三是体现为集团具有不断深化企业改革，发展混合所有制经济，做强、做优、做大，成为世界一流企业集团的竞争力。

四是体现为集团具有瞄准世界科技前沿，实现前瞻性基础研究和关键共性技术、前沿引领技术、现代工程技术、颠覆性技术突破的创新力。

五是体现为集团具有造就战略科技人才、科技领军人才、青年科技人才和高水平创新团队的培养力。

六是体现为集团具有诚信客户、关爱社会、和谐环境、安全生产、幸福员工的内生力。

下面，我们以中国航天科技集团有限公司为例来说明集团文化建设的重要性。

中国航天科技集团有限公司自 2002 年启动企业文化建设以来，以航天传统精神、两弹一星精神和载人航天精神为灵魂，培育形成了具有鲜明时代特征和航天特色的集团文化，在凝聚员工队伍、培育一流人才、塑造良好形象、圆满完成以载人航天、月球探测、北斗导航为代表的航天重大工程任务方面发挥了重要作用，其集团文化建设的经验和基本模式值得学习和借鉴。

中国航天科技集团有限公司的集团文化建设模式，是以航天“三大精神”为核心，按照要素管理和过程管理相结合的方法，分为企业文化要素体系、企业文化管理体系两部分。

关于集团文化要素体系，主要包括以下几点。

1. 集团公司企业文化理念系统

（1）核心理念。

使命——创人类航天文明，铸民族科技丰碑。

愿景——建设国际一流大型航天企业集团。

核心价值观——以国为重、以人为本、以质取信、以新图强。

企业精神——自信自强、无私无畏、敢想敢为、尽善尽美。

（2）职能应用理念。

质量理念——质量是政治、质量是生命、质量是效益。

人才理念——人才是航天的发动机，航天是人才的推进器。

成本理念——成本是责任，成本是效益，成本是竞争力。

市场理念——价值引领、科技支撑、军民融合、诚信共赢。

学习理念——让学习成为生活习惯，把学习作为终生需求。

创新理念——自主创新、开放合作、包容自励、敢为人先。

廉洁理念——以廉正己、以廉立信、以廉护企、以廉报国。

班组理念——合力同行、卓越共赢。

安全理念——安全是生命，安全是责任，安全是和谐。

经营理念——提升价值创造能力。

服务理念——专业专注、至臻至诚。

社会责任理念——胸怀天地、强国惠民。

保密理念——国家利益高于一切、保密责任重于泰山。

2. 集团公司企业文化行为规范系统

（1）企业作风。

企业作风是严慎细实、诚勇勤和。

（2）职业行为规范。

领导人员：政治坚定、勤勉清廉、科学决策、创新图强。

管理人员：科学管理、务实高效、积极主动、执行有力。

科技人员：吃透技术、把握规律、勇于创新、合作包容。

生产人员：精通技能、安全操作、确保质量、打造精品。

服务人员：文明礼貌、体贴周道、诚信规范、保障到位。

（3）公共关系规范。

公共关系规范包括友好坦诚、开放协同、遵规守诺、合作共赢。

（4）日常礼仪规范。

日常礼仪规范包括遵约守时、文明有序、举止得体、谦和友善。

（5）团队活动。

团队活动包括航天日活动、质量日活动、爱心日活动、新员工入职仪式、升旗仪式等。

3. 集团公司企业文化形象识别系统

形象识别系统是企业文化体系最外在、最直观的部分，重点是通过科学化、系统化、规范化的工作，塑造鲜明而富有感染力的统一形象，主要包括视觉识别、形象展示与传播两类要素。

视觉识别是集团公司形象视觉化、系统化、规范化的表现形式，企业名称、标识、标准字、标准色是构成视觉识别的基本要素，具体执行集团公司视觉识别系统的有关规定。

形象展示与传播主要指企业公共关系、新闻宣传、广告投放、品牌推介及重大展览展示活动等形象展示媒介和传播手段。

4. 集团公司企业文化职能应用系统

职能应用系统是理念系统、行为规范系统、形象识别系统在实践中的应用，是集团公司企业文化落地的重要载体。职能应用系统主要包括专项文化、特色文化两类要素。

专项文化是以业务工作为载体开展的企业文化建设，是理念系统、行为规范系统、形象识别系统在业务领域的系统延伸、细化和塑造（如质量文化、成本文化、创新文化、廉洁文化、班组文化、保密文化、安全文化等）。专项文化建设要坚持顶层谋划、业务融合、讲求实效、突出特色的原则。

特色文化一是指各单位在企业文化体系框架内，结合发展历程、主业特征、地域特点而形成的体现航天特色的本单位企业文化；二是指各单位立足航天重大工程、重点任务、重要产业项目而形成的具有工程特点、项目特色的企业文化（如神箭文化、神舟文化等）。特色文化建设应立足于本单位的核心业务，是集团公司企业文化顶层要素在基层的实践落地。

关于集团文化管理体系，主要包括以下内容。

1. 规划计划

规划计划主要是指企业文化建设的长远规划、年度计划、项目计划和实施细则，是集团公司企业文化体系建设的行动指南。

2. 组织领导

组织领导职责主要由企业文化建设领导小组和企业文化建设职能部门承担。其中，企业文化建设领导小组是集团公司和各单位企业文化建设的决策机构，负责企业文化建设的组织领导。企业文化建设职能部门是企业文化建设的日常管理机构，负责企业文化建设的工作策划和具体实施，对本级和下属单位的企业文化建设统一协调、归口管理。各单位、各业务部门是特色文化、专项文化的建设者、推动者。

3. 运行机制

运行机制主要包括学习培训、分层管理、考核评价等方面。

学习培训。企业文化建设职能部门负责对本级、下属单位企业文化建设的规划计划、规章制度、建设举措等方面进行教育培训，负责宣传推广理念系统、行为规范系统、形象识别系统和职能应用系统，以提升全员的企业文化认知、认同。

分层管理。企业文化体系建设自上而下分为三级实施。其中，第一级是集团公司总部，是企业文化体系建设的战略规划层级；第二级是院、公司、直属单位本部及其下属单位本部，是企业文化体系建设的组织实施层级；第三级是各基层单位、处室、班组，是企业文化体系建设的执行应用层级。

考核评价。集团公司企业文化考核评价参照企业文化建设与管理的有关规定，主要包括企业文化建设工作评价、企业文化建设状况评价和企业文化建设效果评价三项内容。建立健全激励机制，通过精神激励与物质激励相结合的方式，在企业文化体系建设中发挥价值导向作用。

4. 载体建设

载体建设主要包括传播载体、活动载体和设施载体建设等方面。

传播载体主要包括会议、讲座、报告、论坛、网络、图书、音像、报刊、微博、微信、主题活动等传播平台。

活动载体主要包括出征仪式、新员工入职教育、承诺宣誓、升旗仪式、荣誉表彰等团队文化活动，以及摄影、书法、征文、集邮等群众性文体活动。

设施载体主要包括航天展览馆、博物馆、主题公园和航天精神教育基地、军工文化教育基地等员工教育设施，以及各级各类职工活动站、体育馆、图书馆等文体活动设施。

5. 资源保障

资源保障主要包括人力资源、信息资源、物质资源等方面的保障。

人力资源主要是指建立健全企业文化建设的职能机构，培养企业文化建设的专业人才，发挥内外部专家的作用，运用社会资源对企业文化建设给予支持。

信息资源主要是指有利于企业文化传播应用的信息系统和管理平台，能够将企业文化要素以信息化手段储存、应用、推广和传承，使之成为企业发展的宝贵资源。

物质资源主要是指保障企业文化建设必要的投入，将企业文化建设所需经费纳入年度预算，采用多种形式给予必要的物质保障。

6. 持续改进

持续改进的目的是实现企业文化体系建设水平的不断提高，主要包括总结交流、课题研究、知识更新、创新提升等方面。

总结交流主要是指总结企业文化建设成果，选树推广典型经验，发现和整改问题，构建企业文化建设交流平台。

课题研究主要是指发挥各级企业文化部门、政研会的作用，围绕企业文化体系建设开展课题研究，促进研究成果的实践应用和推广。

知识更新主要是指通过举办企业文化建设培训，建设各级各类学习型组织等，探索企业文化建设规律，在深化认识的基础上推动文化创新。

创新提升主要是指不断深化对集团公司企业文化的功能定位、体系构建、职能操作、层级管理、特色实践等方面的认识与实践，实现企业文化体系建设整体水平的提升。

中小企业“六自”企业文化建设新模式

中小企业“六自”企业文化建设新模式，是指中小企业的企业家以文化自觉、文化自立、文化自律、文化自省、文化自信、文化自警的方式，将文化内生于业、内省于心、内化于行、内力于成，而形成的一套简约式的新企业文化建设模式。

中小企业长不大、活不长的原因有很多，例如规模较小，资金不足，产品质量和科技含量低，员工素质参差不齐、管理水平低，收集分析市场信息能力弱，市场竞争力差，抗风险能力弱等，但中小企业最根本的问题是缺乏企业家精神，缺失企业文化的有力支撑。中小企业作为促进就业、改善民生、稳定社会、发展经济、推动创新的基础力量，作为构成市场经济主体中数量最大、最具活力的企业群体力量，如果用文化“武装”起来，将锐不可当。因此，中小企业的发展壮大必须要依靠文化的力量，解决企业发展中的难点问题，而中小企业“六自”企业文化建设新模式就是一个不错的选择。

一是文化自觉。中小企业的企业家不要以为企业小就不需要文化，而是要最大限度地认识企业文化的重要性，以高度的文化自觉，用自己当初办企业的初心和激情，编织本企业的文化“基因密码”，使自己和企业具有基本的文化意识和自觉行动，主动开展企业文化建设。

二是文化自立。文化是企业的灵魂，也是中小企业的灵魂。中小企业的企业家以自己正确的价值追求为主导，树立企业的核心价值观，并在此基础上，着眼于企业未来的发展，进一步明确企业应担负的使命和未来的愿景目标，塑造具有企业家个性和本企业特色的企业精神，以文化实现企业自立，为企业不断发展壮大“铸魂炼魄”。

三是文化自律。中小企业的企业家要时刻保持谦虚、谨慎的态度，坚持以人为本、以文化人，关爱企业员工，注重员工素质的提升，实现企业发展与员工发展的和谐统一，增强员工的归属感和获得感，构建员工的精神家园。

四是文化自省。中小企业的企业家要注重自身的学习进步，并通过企业文化建设促进企业的学习与创新，针对自身和企业存在的问题，不断提高经营管理水平，重视产品质量，发扬工匠精神，注重企业品牌打造，不断改变企业环境和形象，大力增强企业的核心竞争力。

五是文化自信。中小企业的企业家必须对自己及企业有信心，以坚定的文化信念讲诚信、不违规、不行贿，有社会责任感，正确处理与客户、合作伙伴及政府的关系，不断提升企业的社会知名度、信誉度和美誉度。

六是文化自警。中小企业的企业家要注意循序渐进地开展企业文化建设，要由易到难、由表及里、由简到繁，慢慢地沉淀积累和传承，不要过于讲究形式、求大求全，不要急于求成、一蹴而就，不要崇洋媚外、盲目随从，切忌弄虚作假、搞“花架子”。

江苏黑松林粘合剂厂有限公司（以下简称黑松林）是一家专门从事粘合剂生产销售的高新技术企业，在刘鹏凯董事长的带领下，一直坚持以企业文化引领企业发展，在30多年的发展历程中取得了非凡的成绩，其独具特色的企业文化建设模式就具有非常明显的“六自”特征。

在文化自觉方面，黑松林建立之初，就立足企业实际，制订了打造“精神、精品、精兵”的企业文化建设纲要，以文化筑基兴业，其系列粘合剂被评为“江苏省名牌产品”“中国石油和化学工业知名品牌产品”等。

在文化自立方面，刘鹏凯董事长提炼企业精神、企业核心价值观，设计企业形象，领导企业文化建设，荣获“全国企业文化建设示范基地”“中国化工行业企业文化建设十佳示范单位”“江苏省民营企业文化建设示范单位”等近百项荣誉称号。

在文化自律方面，黑松林明确提出“细节管理为手段，和谐管理为灵魂，文化管理为归宿”的企业文化建设方针，从“解决问题，提高素质”入手，逐步探索出一套具有黑松林特色的“心力管理”文化模式。

在文化自省方面，黑松林打造三个工程，即知心工程——把握人性的特点，关注员工需求；聚心工程——真心实意关爱员工，上下同欲发展企业；塑心工程——打造优秀员工队伍，夯实企业百年基业。

在文化自信方面，黑松林人始终秉承“修己、安人、聚和”的企业精神，坚持从实际出发、从真心出发，因地制宜、因时制宜、因事制宜地开展企业文化建设，明确提出黑松林“不干500强，要做500年”。

在文化自警方面，刘鹏凯董事长面对新的内外部环境变化，提出只有适变、心静、与员工一起，风雨同行，坚持共同价值观，企业才能在愿景旗帜的指引下继续前进。与此同时，他还亲自撰写了《心力管理》《心力管理故事》《知心、聚心、塑心：心力管理的操作艺术》《黑松林，我的太阳》《细节的响声》《漫话企业细节管理》《漫话企业文化管理》等文化管理专著，在社会上引起很大反响。

并购重组企业的“六合”企业文化建设新模式

并购重组企业的“六合”企业文化建设新模式是指因内部整合或对外兼并、收购的企业，以理念趋合、心灵契合、行为整合、力量联合、资源整合、价值融合的方式，找准企业文化的切入点和着力点，开启新的企业文化建设，从而形成的一套企业文化建设新模式。

并购重组企业的文化整合一直以来都是一个大难题。众所周知，企业间的整合及相互并购重组是经济全球化的必然产物，是世界经济发展的重要趋势，也是跨国公司实施全球化战略的主要手段和形式。但是，我们必须看到，企业并购重组既是企业资源整合、资本优化、资产转让、企业转型的过程，也是并购重组企业与被并购重组企业之间文化融合、文化创新的过程。企业并购重组的本质是价值重构，其成败的关键是并购重组企业与被并购重组企业相互间的文化融合，即形成新的共同的价值认知、价值追求和价值创造。企业并购重组中的文化整合难点，主要表现在并购重组企业与被并购重组企业之间的价值理念冲突、思维方式冲突、行为习惯冲突和品牌形象冲突等方面。因此，运用“六合”企业文化建设新模式，解决并购重组企业文化整合难的问题势在必行。

第一，在理念趋合方面，在企业并购重组前要先进行文化的价值认知整合，以共同的价值认知和新的价值目标引领企业并购重组，并于企业并购重组完成的同时，先行建立新的企业价值体系，以共同的价值理念为引领，制订企业发展战略、实施组织制度变革、开展业务资源整合、进行经营管理创新等。

第二，在心灵契合方面，要深入挖掘并购重组企业以往的优秀文化传统，以及先进的思想观念、人文精神、道德规范，结合企业重组的要求，在新的企业文化建设中兼收并蓄、继承创新。尤其是在新的企业精神塑造的过程中，以新的企业核心价值为引领，转化为所有员工的情感认同，进而培养员工彼此共鸣的内心态度、坚忍不拔的意志状态、不断进取的思想境界和求实奉献的行为作风。

第三，在行为整合方面，并购重组企业要加快构建新的企业行为规范系统，以全新的企业行为准则、企业作风、企业职业规范、企业公共关系规范、企业活动和仪式等，改变员工原有的行为习惯，培养员工的执行力，确保企业并购重组的顺利实施。

第四，在力量联合方面，并购重组企业要根据新的价值体系，全面开展企业文化建设，特别是以新的企业使命、企业愿景、企业核心价值观和企业精神为坐标，构建企业的各项规章制度，充分调动企业高层领导、管理者和基层员工的积极性，从而形成强大的向心力、凝聚力和创造力。另外，还要注意重新设计构建新的企业形象识别系统，对并购重组后的企业标识、产品品牌、技术设施、环境氛围及员工形象等进行重新塑造，大力提升企业和员工的文化素养和形象，不断增强企业的吸引力和形象感召力。

第五，在资源整合方面，并购重组企业要以文化引领战略，从企业并购重组的目的和长远发展的需要出发，对已有的客户资源、生产和产品资源、特有技术资源、人力资源、市场资源、信息资源等进行整合，并根据企业的发展战略和市场需求实施优化配置，寻求资源配置与客户需求的最佳结合点，以强力打造企业并购重组后的核心竞争优势。

第六，在价值融合方面，并购重组企业要以企业核心价值观为统领，注重公平、公正、公开，一视同仁，加快培育企业所有员工形成新的共同的价值思维方式和价值创造方式，尤其是要确保被并购重组企业员工的利益，大力提升企业的价值引力，增强企业员工的价值认同，助力企业员工的价值实现，避免因价值观念差异造成文化冲突和管理矛盾，阻碍企业并购重组。

中国河北钢铁集团（以下简称河钢集团）兼并重组塞尔维亚斯梅代雷沃钢厂就是一个很好的案例。一个只有 9 名工作人员的河钢集团塞尔维亚公司管理团队，是如何团结带领 5000 多名塞方员工不懈努力，终将河钢塞钢打造成为“一带一路”大项目合作的成功范例呢?

一是牢记“报效国家、奉献社会、成就员工、回馈股东”河钢使命，敢于政治担当，与国家战略同向同行，以建设“世界的河钢”为己任，面临斯梅代雷沃钢厂连续亏损、多家西方公司不愿收购的现状，敢于雪中送炭，与对方一起深入查找问题，认真分析原因，提出有效对策，坚持利益本地化、用人本地化和文化本地化“三个本地化”原则，与 5000 多名塞方员工全部签订了劳动合同，日常生产经营全部依靠当地员工，所有招标采购均面向当地企业，严格按照当地法律法规及民俗开展经营，为更多的当地居民创造就业机会，用真诚赢得了对方的信赖，实现了双方真心合作。

二是坚持“同心同力、共创共享”的河钢核心价值观，在缺乏海外实体钢铁企业运营经验，国内其他企业又鲜有成功案例的情况下，以文化为切入点、以价值创造为着力点，不等不靠、自力更生、艰苦奋斗，从组织管控、资金投入、成本控制、资源调配、战略规划、风险防控等方面，多维度构建和发展支撑平台，充分调动和全面配置河钢全球化的技术、管理、市场等优势资源，在短时间内解决了企业经营管理不善、工艺装备落后、产品档次不高等一系列棘手问题，接手后仅用不到半年时间就扭亏为盈，使一度濒危的钢厂重现生机与活力，实现了双方诚心合作。

三是弘扬“科学发展、追求卓越”的河钢精神，胸怀祖国、甘于奉献，自觉将个人价值追求融入党和人民的事业之中，为了这个项目，河钢塞尔维亚公司管理团队中有人没能见上病重的老父亲最后一面，有人远离了耄耋之年的母亲，有人缺席了孩子从牙牙学语到入托上学的陪伴，有人主动将蜜月旅游变成了赴塞的征程……他们的精神感动了对方，他们的人格魅力赢得了对方的钦佩，实现了双方倾心合作。

四是着眼“国内领先、国际一流”的河钢目标，因地制宜、善作善成，充分依托河钢集团在技术、管理、绿色制造和全球最大营销服务网络等方面的优势，累计投入1.9亿美元进行技术改造和生产线提升，使企业的综合竞争力实现了跨越式提升，同时还注意加强环境保护、支持社会公益事业、关爱员工、资助学生，使河钢塞尔维亚公司成为塞尔维亚就业人数最多的企业和第一大出口企业，树立了中国和河北的良好形象，形成了中塞员工通力合作、共同奋斗的良好局面，实现了双方乐心合作。

“走出去”企业的“五共”跨文化管理新模式

“走出去”企业的“五共”跨文化管理新模式是指中国企业面对经济全球化的大趋势，眼睛瞄向世界，走出国门，到国外寻觅商机、另辟战场、参加“一带一路”建设等，通过文化共鸣、精神共振、制度共和、行为共联、价值共享的方式实现企业跨文化管理，不断提升参与国际经济合作和竞争的新优势。

跨文化管理难就难在一个“跨”字上。作者认为，跨文化管理不是跨过文化去管理，而是跨越文化差异、跨越文化隔阂、跨越文化冲突，以学习、尊重、开放、包容的态度，以文化交叉、融合的方法，建立新的、共同的文化价值体系和价值目标，实现价值观管理、进行价值创新创造的过程。我们要辩证地看待和应对跨国文化差异和冲突，认真、细致地了解东道国文化是如何影响员工行为及管理的，充分认识到跨文化管理的关键是对人的管理，其目的就是要使不同的文化进行融合，形成一种新型的文化，并以此培养和规范企业员工的思想、价值观和行为，大大增强企业实施走出去战略的能力、开展“一带一路”建设的能力、提升全球化经营管理水平的能力。

一是文化共鸣。“走出去”的企业要实现跨文化管理，既要从经济学、管理学的角度去思考与处理跨国、跨地区企业管理的问题，更要从哲学、社会学的角度去思考与处理跨国、跨地区企业管理的问题，加强跨文化理论研究、跨文化语言学习、跨文化知识培训、跨文化环境营造、跨文化活动开展等，既要重视建立科学、有效的内部企业管理系统，更要重视建立适合于企业所在地民族文化和环境氛围的管理系统，实施企业文化本土化、员工行动当地化，实现文化共鸣。

二是精神共振。企业在跨文化管理中，既要重视组织机构、规章制度、财务分析及技术、设备、方法等硬的管理因素，更要重视人、信念、宗旨、目标和价值准则、风俗习惯等这些软的管理因素，适时采取文化规避策略、文化渗透策略、文化互补策略、文化整合策略、文化融合策略等，实现精神共振。

三是制度共和。跨文化管理必须要有跨文化管理的机制，既要重视不照搬照抄本国的管理理论与方法，正视异国文化差异带来的管理反应迟钝及各种矛盾和问题，更要重视在不同形态的文化氛围中设计出切实可行的管理机制，从而形成卓有成效的跨文化管理。也就是要依据新的文化价值观制订各项规章制度和实施的方式方法，激励所有员工积极克服法律差异、语言差异、思维差异、性格差异、行为差异等，在尊重当地法律法规、行业行规、人文文化的基础上，建立完善的企业内部运营体系，包括人力资源、产品研发、制造体系和管理体系，实现制度共和。

四是行为共联。实施跨文化管理，既要重视克服异质文化的冲突，看到文化差异和冲突不利的一面，更要重视利用不同文化所表现的差异“差”，抓住文化差异和冲突有利的一面，以新的价值导向创造出独特的、新的企业文化，为企业经营管理和发展创造契机。当前，尤其是要重视在管理过程中寻找跨越文化冲突的管理目标，建立维系具有不同文化背景的员工的共同行为准则，既注重对东道国员工的管理，也注重对企业所有员工的管理，尤其是要积极关心、爱护和帮助员工，解决其因生活习惯和方式不同而产生的问题和冲突，让新的企业文化真正在管理中发挥作用，从而做到跨文化管理，实现行为共联。

五是价值共创。跨文化管理的最终目的是创造企业新的价值、获得新的竞争优势。因此“走出去”的企业必须注意做到以下几点。即要坚持以人为本，企业要相信员工、依靠员工、支持员工；要坚持创新为上，不断进行技术创新和改进，大力研发适应不同市场需求的产品；要坚持合作为重，积极寻求海外合作伙伴，多元化地扩大经营渠道；要坚持品牌为要，讲求诚信，注重质量，不断提升客户的满意度；要防范为先，加强企业安全管理，做好各种风险防范措施，等等。

六是成果共享。企业价值共创的目的是能够实现价值成果的分享。因此，跨文化管理必须要有一个共享的企业价值观，并作为企业文化一个不可或缺的重要组成部分。一方面，“走出去”的企业要兼顾客户、员工、政府、社会、社区、股东、合作者等相关方的利益诉求，坚持公平、公正、公开的原则，高度重视履行社会责任，让东道国人民能享受到企业发展的成果。另一方面，在企业内部要坚持以员工为中心，让员工各负其责、各得其所，人人承担企业发展的责任，人人都能享受企业发展的成果，实现成果共享。

下面介绍两个典型案例。

第一个案例为中国交建集团中国路桥肯尼亚蒙内铁路项目部解决人力资源管理理念差异的做法。该项目于 2014 年 12 月开工建设，2017 年 5 月 31 日建成通车。项目建设期聘用中方员工 5000 人，肯方员工 3.6 万人。肯尼亚是发展中国家，失业率较高，就业压力大，通过工程建设解决就业问题是肯政府的最大愿望。但是，肯尼亚人力资源的现实情况与项目的用工要求，与中方企业文化有很大差距。项目部坚持人力资源属地化的原则，针对属地员工的文化背景和行为习惯，采取“一树二转三培训”的方式，取得了积极成果。

一是树立新的价值理念。项目部在肯籍员工中宣传倡导“建肯尼亚人自己的铁路”“新铁路、新起点、新生活”等价值理念，激发肯籍员工的爱国爱岗热情，使其全身心地投入铁路建设。同时，利用中国员工的榜样作用，用“劳动致富”理念逐步影响和端正他们对待工作、金钱的看法。如工人卡瓦拉是马赛人。由于贫穷，加之不储蓄，他一直买不起作为聘礼的牛羊，没有姑娘愿意嫁给他。在项目部工作的三年，他在与中国人的相处中养成了储蓄的习惯，加之有稳定的收入，他成了村里富裕群体中的一员，并顺利步入了婚姻的殿堂。

二是转变肯籍员工的行为习惯。肯方员工比较散漫，随意离岗，不按时上下班，尤其是在发了工资之后情况更严重。项目部采取承包责任制，按照“按劳分配”和“奖优罚劣”的原则，建立“切块承包、计时计件”的劳动管理制度和“多劳多得”的薪酬制度，鼓励“创先争优”，运用评选优秀员工、上光荣榜、大会表彰等中式的褒扬方法，使肯方员工逐渐适应了项目部的管理文化，逐渐改变了一些不良的行为习惯，工作的积极性和效率明显提高。

三是培训肯籍员工，不断提高他们的工作技能。“授人以鱼”不如“授人以渔”。项目部现场培训工人超过 17000 人，技术人员超过 4000 人。通过加强技能培训，增强了肯方员工对项目部的认同感、归属感，使肯方员工成为符合铁路建设需要的合格产业工人。例如，肯尼亚蒙内铁路中心实验室的实验员卡里布，经过培训后，可以熟练掌握各种实验技能，被同事们称赞为“明星实验专家”。他说：“我喜欢中国，喜欢中国人，他们让我实现了梦想。”

第二个案例是中远海运比雷埃夫斯集装箱码头有限公司处理文化差异的办法。该公司简称 PCT，拥有希腊最大港口比雷埃夫斯港 2 号、3 号集装箱码头为期 35 年的特许经营权。2008 年，中远海运集团在比港私有化招标中中标，并于 2016 年完成对比港的收购，是中国企业在海外拥有的首家大型全资集装箱码头公司，共有员工 270 人，中方管理团队 6 人。他们处理文化差异的方法是做到“四个坚持”。

一是坚持正面形象的宣传，“能干还要能说”。PCT 转变了中国人“只干不说”的文化性格，更加重公司的正面形象宣传，专门成立了以总经理为负责人的“对外宣传班子”，对所有媒体的采访要求，几乎来者不拒。

二是坚持员工本土化。中远海运坚持员工本土化原则，仅派了 6 名管理人员对公司进行管理，留用全部希腊员工，为希腊新增 1000 个稳定和长期就业岗位。这对于这个拥有 1100 万总人口，失业率高达 26.8% 的国家来说意义重大。希腊员工激动地说：“不但没有抢走我们的饭碗，还创造了新的工作岗位。”

三是坚持包容文化差异，打造“家文化”。比港曾经是一个成熟的希腊国营码头公司，许多根深蒂固的文化、习惯和制度不太适合现代企业管理思路，PCT 中方管理层用心学习、理解、包容对方，并以中国人的吃苦耐劳、聪明好学、团结奋进、诚信待人、精心经营的优良品德和作风感染对方，将中远的理念融入希腊码头文化。无论是中方的外派人员，还是希腊当地员工，大家都是同等的，只要加入了 PCT，就是这个大家庭的一分子，PCT 就是员工的家，每位员工都有权利也有义务去经营好、管理好 PCT。2012 年圣诞前夕，《德国之声》以《中国企业让希腊人读懂“和谐共赢”》为题长篇报道了 PCT 的经营之道；2013 年 5 月，希腊总理萨马拉斯访问中远海运，专门提到了希腊人对“和谐”的理解。

四是坚持“人情味”管理。对比港的希腊员工来说，来自中国的公司让他们感受到了一些新奇的企业文化。在比港，码头周围很难找到吃饭的地方，员工的午饭一向非常简单。中远海运接管比港码头之后，贯彻“民以食为天”的理念，由公司提供免费的午餐，和中国人一样在一起聚餐，并由员工自己建立午餐管理组织，通过招标来进行管理，让员工们觉得很新鲜。在其乐融融的午餐时光里，很多希腊员工学会了用筷子，而中方员工也习惯了在饭后来杯咖啡。每年圣诞节，PCT 都邀请 14 岁以下的儿童和他们的家长来公司相聚，给每个小朋友准备了礼品；每年评选 4 名希腊“洋劳模”，奖励一周时间的免费中国行；在生产上特别关注希腊员工的安全，及时排除隐患，使每个人都能安心工作。

混合所有制企业的“七重”渐进式文化管理新模式

作者认为，混合所有制企业的“七重”渐进式文化管理新模式，是指由公有资本与非公有制资本共同参股组建而成的新型企业，面对党和国家对混合所有制经济的认识从“概念提出”到“明确界定”，从“大力发展”到“积极发展”，从界定为“基本经济制度的重要实现形式”到被赋予“培育具有全球竞争力的世界一流企业”的重要使命，通过价值重构、形势重估、远景重绘、战略重建、资源重整、路径重开、方法重创的方法，构建渐进式文化管理模式，深入贯彻落实习近平总书记关于“深化国有企业改革，发展混合所有制经济，培育具有全球竞争力的世界一流企业”的重要指示精神。

我们知道，混合所有制企业是基本经济制度的重要实现形式。但是，作为国有资本、集体资本、非公有制资本等交叉持股、相互融合的混合所有制企业，因企业背景、文化底蕴、制度机制、行为方式、价值分配等方面存在着巨大差异，混合所有制企业如何建设新的企业文化，引领企业战略和支撑企业经营管理，实现“国民共进”两全其美的发展，是一个非常大的考验和挑战。为此，混合所有制企业加快构建“七重”渐进式文化管理新模式势在必行。

一是价值重构。凡是混合所有制企业，不论谁控股、谁说了算，必须要立足新成立的混合所有制企业，以习近平新时代中国特色社会主义思想为指导，以中国梦为引领，践行社会主义核心价值观，正确而科学地建立企业的核心价值观和价值体系，并以此为核心，构建企业文化的理念体系、行为规范体系、形象识别体系等，为企业文化建设奠定坚实的基础。

二是形势重估。混合所有制企业作为一个新的市场主体，首先要充分认清企业当前面临的形势，特别是面对国内外的复杂局面和党中央坚持稳中求进、供给侧结构性改革、推动高质量发展、做好“六稳”工作、保持经济社会持续健康发展、打赢三大攻坚战等基本方略和要求，通过混改形成的先进文化、先进体制与机制，进一步明确企业的责任和使命担当，形成共同认可的战略发展目标。

三是远景重绘。企业愿景是对企业未来状态的形象描绘。混合所有制企业一旦成立，必须以企业新的核心价值观为坐标，对企业未来前景进行展望与憧憬，求真、务实地描绘企业的发展蓝图和奋斗目标，其重点是以建成具有全球竞争力的世界一流企业为目标，着力打造一流的企业文化、一流的企业战略管控能力、一流的经营管理水平、一流的产品和服务、一流的风险管控水平，以及一流的专业人才队伍等，大力提升企业的核心竞争力。

四是战略重建。文化引领战略，在混合所有制企业亦是如此。就一个行业的企业而言，混合所有制企业是企业财产的组织形式，是企业制度的股份制经济。混合所有制企业非国企，亦非私企，其战略的制订与实施既不能按国企的那一套，也不能按私企的那一套。因此，我们必须深刻认识到，企业文化既是企业战略制订的根本依据，也是企业战略实施的动力源泉。作为混合所有制企业必须以混改后的企业文化为基础，以新的企业使命明确企业的战略宗旨，以新的企业愿景描绘企业的战略目标，以新的企业核心价值观指引企业的战略规划，以新的企业精神支撑企业战略的实施。

五是资源重整。从一定的意义上讲，一个混合所有制企业的形成过程，就是这个企业对不同来源、不同层次、不同结构、不同内容的资源进行识别与选择、汲取与配置、激活和有机融合，使其具有较强的柔性、条理性、系统性和价值性，并创造出新的资源的一个复杂的动态过程，也就是资源重整的过程。资源重整是企业战略调整的手段，也是企业经营管理的日常工作。因此，混合所有制企业的资源重整，一定要根据企业新的价值主张、价值体系、价值功能，突出三个方面的资源重整，即聚合产业资源、优化资源配置，完善资本结构、连接资源血脉，坚持以人为本、激活人力资源。

六是路径重开。当前，我国混合所有制经济的主要组织运营方式和实现形式就是股份制，是通过股份制这种形式把国企和私企这两种不同的所有制形式联结起来，以适应市场经济体制，提高市场竞争力，提高经济效益。对于我们来说，这种形式的混合所有制如何帮企业建设企业文化是一个新课题，但我们绝不能“路径依赖”，而是要结合混合所有制企业的特点，通过“八个辩证统一”开辟新的路径，即企业文化与中国特色社会主义文化的辩证统一、企业文化的继承与创新的辩证统一、企业文化的理论性与实践性的辩证统一、企业文化的内容与形式的辩证统一、企业文化的过程性与渗透性的辩证统一、企业文化的功能与企业经营目的的辩证统一、企业文化的群体性与个体性的辩证统一、企业文化的民族性与世界性的辩证统一。

七是方法重创。混合所有制企业有利于引进私企追求利润最大化、机制灵活的优势，改变国企机制呆板，法人治理结构不清晰的弊病，对经营者的行为进行有效约束。但以上这些愿望能否实现关键在于企业文化的优劣。因为只有优秀的企业文化才能有优秀的混合所有制企业。因此，我们绝不能因循守旧，应该大胆创新混合所有制企业文化建设的方式方法。例如，坚持物质第一性原则的物质第一法、注重企业员工主观能动性的意识能动法、抓住主要矛盾的突出重点法、正确处理局部与整体的辩证关系的系统思考法、坚持主观与客观相统一的讲究实际法、以实践为检验标准的实践检验法、用发展的观点看问题和正确地认识事物的辩证发展法等。但是，对于当前混合所有制企业的企业文化方法创新来讲，最为紧迫和重要的是深刻学习和理解党的十九届四中全会精神，充分认识到不论国企还是私企都是“自己人”，把党的全面领导落实到企业文化建设中去，开创混合所有制企业以党建为引领的企业文化建设新模式。

在这方面，山东默锐科技有限公司的文化混改思路与做法值得我们学习和借鉴。

山东默锐科技有限公司成立于 1999 年，是一家专业从事海洋精细化工研发、生产、销售的民营高新技术企业，位于世界海盐之都、中国蔬菜之乡——山东省寿光市，在经历了理念缺失、野蛮生长和观念保守、盲从跟随等曲折发展后，在公司创始人杨树仁董事长的带领下，构建了“阳儒阴法和为道”的文化管控体系，用文化对企业进行凝心聚力、铸魂塑形。尤其是他们立足自我，以文化为先导，积极主动与国际先进企业和优秀的国有企业进行交叉持股、相互融合，打造混合所有制企业的发展平台，带动了企业高水平、快速发展。杨树仁董事长将其形象地比喻为用理念“找对象”、以价值观“谈恋爱”、搞文化“婚姻”。

实际上早在 2012 年，山东默锐科技有限公司（以下简称默锐科技）就与国有企业中材科技股份有限公司（以下简称中材科技）成功合作，混改成立了山东中材默锐水务有限责任公司（以下简称中材默锐水务），而期间的文化混改“三部曲”至今还让人津津乐道。

一是有缘使命，“一见钟情”。默锐科技的企业使命是“引领卤水生产、生态、生活、立体革命”，中材科技的企业使命是“推动新材料产业发展，促进社会技术进步”。这两家企业的性质虽然不同，但却有共同的使命追求和担当，根本看不出有什么国企与民企之分。双方商量进行混改，可以说是似曾相识、一见如故，相见恨晚、一拍即合，很快就达成共识，签署了合作协议。期间，中材科技的上级单位中国建材集团的党委书记刘志江，特意带队到中材默锐水务进行调研，要求中材科技在发展水务业务的同时，充分体现中央企业在环保领域的政治责任、经济责任和社会责任，融入地方经济发展，将可持续发展作为企业首要定位，并通过商业模式创新，形成自有的发展模式。默锐科技董事长杨树仁则针对环渤海地区水资源现状，创造性地提出了“智慧区域水银行”的理念，对卤水、亚海水、客水、地表水、中水等五路水源进行系统整合处理，以区域水银行连锁模式实施雨水收集、污水处理、中水回用、淡水开发和水盐联产综合利用，分别将其加工成一般工业用水、特殊工业用水及农业营养水等，以实现区域零排放、水循环、治保用，为环渤海类似区域提供了示范性水运营解决方案。

二是勇于担当，一心不二。水污染和水资源短缺是阻碍寿光市进一步改革开放和持续发展的重要因素之一，随着羊口化工产业园企业入驻，缺水问题逐渐凸显。另外，寿光市虽然卤水资源丰富，是世界第三大卤水资源区，“缺淡水但不缺水源”却成了该区域一个尴尬的痛点。对此，默锐科技与中材科技分别遵循各自“敬天应人、厚德载物”和“诚信、尊重、创新、高效”的核心价值观，为新成立的中材默锐水务确定了“以创造社会效益、为社会提供优质产品、自觉履行环境保护社会责任”的核心价值理念，志在为有效解决寿光市水污染和水资源短缺等难题做贡献，专门在山东寿光通过 BOT 方式投资 19901.09 万元，以建设“寿光滨海（羊口）经济开发区再生水回用工程”项目，并获特许经营权 30 年。

三是敢为人先，一鸣惊人。默锐科技的企业愿景是“成为卤源水韵价值代表者”，中材科技的企业愿景是“最为客户尊重与员工、股东信赖的中国材料工业知名科技企业”。因而，两家企业的愿景直接决定了中材默锐水务的经营管理必须要着眼未来、敢为人先、大胆创新、勇当一流。他们在项目中果断采用国际先进的双膜法（超滤 + 反渗透）处理工艺，并首次在国内中水项目中应用 DOW 新型超低压膜，与其他各类膜产品相比，能耗大大降低，且可有效降低相关机械部件的压力等级，从而减少材料费。通过先进设备对污水处理厂达标排放的尾水进行深度处理后，出水水质远超国家再生水标准，每天可向当地羊口工业园区企业输送中水 4 万立方米，年供水量近千万吨。为此，寿光市政府特将中材默锐水务作为重点企业予以支持，该项目也成为山东小清河流域生态修复示范工程之一。

上市公司"五高"的企业文化建设新模式

上市公司"五高"的企业文化建设新模式是指依据国家有关文件精神，结合上市公司的特点，创造性构建的高起点、高站位、高精准、高标准、高效率的企业文化建设新模式，大力提升上市公司的企业文化建设水平。

关于上市公司的企业文化建设，早在 2010 年 4 月 15 日，财政部、证监会、审计署、银监会和保监会就共同下发了《企业内部控制应用指引第 1 号——组织架构》等 18 项应用指引、《企业内部控制评价指引》和《企业内部控制审计指引》，要求自 2011 年 1 月 1 日起在境内外同时上市的公司施行，自 2012 年 1 月 1 日起扩大到在上海证券交易所、深圳证券交易所主板上市的公司施行；在此基础上，择机在中小板和创业板上市公司施行；同时，鼓励非上市大中型企业提前执行。其中，《企业内部控制应用指引第 5 号——企业文化》对上市公司的企业文化建设和评估做出了具体规定，并在第三条特别指出，加强企业文化建设至少应当关注四种风险，即缺乏积极向上的企业文化，可能导致员工丧失对企业的信心和认同感，企业缺乏凝聚力和竞争力；缺乏开拓创新、团队协作和风险意识，可能导致企业发展目标难以实现，影响可持续发展；缺乏诚实守信的经营理念，可能导致舞弊事件的发生，造成企业损失，影响企业信誉；忽视企业间的文化差异和理念冲突，可能导致并购重组失败。其实，以上这四种风险也是上市公司企业文化建设的难点。因此，我们应根据上市公司的特点，依据《企业内部控制应用指引第 5 号——

企业文化》，构建“五高”企业文化建设新模式，彻底攻克上市公司企业文化建设的难点问题。

一是谋划要高起点。上市公司的社会责任大、社会关注度高、社会影响面广，必须要高度重视企业文化建设，从企业的长远发展考虑，以高度的文化自觉，高起点地构建系统完整的企业文化建设体系，积极培育具有自身特色的企业文化，引领企业发展战略，主导企业经营管理，规范企业和员工的行为，形成整体团队的向心力、凝聚力和创造力。

二是领导要高站位。上市公司的企业文化建设重在领导。要充分发挥董事、监事、经理和其他高级管理人员在企业文化建设中的主导和垂范作用，使各级领导切实做到不忘初心、勇于担当，身体力行地带领团队建设积极向上的企业文化。

三是内容要高精准。上市公司建设企业文化，应紧密结合企业实际，围绕企业主业，在企业文化建设体系构建完整的基础上，在内容建设方面要突出重点，高精准地开展合规文化、诚信文化、风险文化、创新文化、廉洁文化、社会责任文化等职能文化建设，以及重视并购重组后的企业文化建设等。

四是管理要高标准。上市公司要加强企业文化的教育培训和宣传贯彻，关键是促进企业内部各层级的文化沟通，全面提升员工的文化修养和内在素质，不断增强员工的责任感和使命感，并高标准地制订八个方面的管理措施，即思想发动措施、领导带动措施、人才保障措施、全员参与措施、文化导向措施、考核评价措施、物质保障措施、持续创新措施。

五是运作要高效率。要确保企业文化建设的高效率运作，必须建立企业文化评估制度，明确评估的内容、程序和方法，落实评估责任制，重点关注董事、监事、经理和其他高级管理人员在企业文化建设中的责任履行情况、全体员工对企业核心价值观的认同感、企业经营管理行为与企业文化的一致性、企业品牌的社会影响力、参与企业并购重组各方文化的融合度，以及员工对企业未来发展的信心，及时发现问题，积极加以改进，避免企业文化建设流于形式。

中国建设银行（以下简称建设银行）作为一家国内外知名的大型上市公

司，他们在大力培育品牌文化，塑造国际大行形象，不断提升社会影响力和价值创造力的做法值得学习和借鉴。

一是注重培育全员共同的价值观，为提升企业品牌“铸魂”。建设银行始终坚持“价值主导和价值引领”，以社会主义核心价值观为统领，以现实问题为导向，以发展战略为依据，着力构建和完善建行价值理念体系，积极培育全员认同的价值观，形成“上下同欲”，激发了全行员工的积极性和创造性，即丰富和完善建行价值理念体系，为提升企业品牌形象“铸魂”；深化价值理念与客户服务融合，为提升企业品牌形象“筑基”；深化价值理念与内控合规融合，为提升企业品牌形象“筑堤”。

二是注重讲好建行转型发展故事，提升品牌文化影响力。建设银行作为国际性银行具有较强的品牌意识，注重汇聚国内外宣传资源，抓准有利时机讲好建行故事，传播好建行声音。例如，讲好建行转型发展的故事，讲好服务国家战略和实体经济的故事，讲好建行品牌成长的故事，讲好“建行公益”的故事等。

三是充分利用 VI 资源，强化集团品牌文化传播。建设银行把统一的企业视觉形象作为品牌文化建设的重要内容，充分运用各类媒体特别是新媒体，专业专注地推介传播企业形象、服务和产品，着力塑造企业的良好口碑，提升企业的内涵和品位。①统一规范建行品牌视觉形象，设计规范子公司 VI 视觉形象，制订子公司品牌视觉形象手册，优化完善营业网点形象，完善集团化品牌和形象管理。②加强海外建行品牌标识规范与传播，助推建行国际化战略，制订海外品牌视觉形象规范，主动服务海外业务发展，为 20 余家海外机构提供 LOGO、广告宣传支持。③强化产品与服务广告的营销宣传，优化集团广告布局及其投放策略，在电视、报刊、网络、手机等各类媒体上，加大全行战略性业务、重点业务和重点产品的广告投放。

四是大力培育和宣传先进典型，提升建行的品牌精神气质。建设银行把优质服务、优良产品、创新能力等作为品牌形成的关键要素，着力培养员工的职业素养、工匠精神和人文情怀，把大力培育和宣传先进典型作为培育品牌文化的题中之义。①积极打造和宣传各级各类先进典型，持续组织开展全国劳动模范、“五一劳动奖章”及奖状、“三八”红旗手、先进工作者、文明单位、青年文明号、服务明星、合规标兵等评选表彰活动。②积极打造行内外知名的服务品牌，包括“向党工作站”（新疆分行）、“红梅理财中心”（山西分行）、“何晓工作法”（山东分行）、“武汉百步亭社区银行”（湖北分行）、“刘艳快线”（北京分行）、“金丹财智”（福建分行）等。③大力创建企业文化建设示范单位，从2003年开始创建“总行级企业文化示范单位”，先后复制推广了个贷“一站式服务”（福建支行）、银医服务“一卡通”（北京分行）、日清日轻精益工作法（河北分行）、合规文化管理模式（河南分行）等近100项成果，促进了管理水平、服务质量和合规能力的整体提高。

|第十二章|

我们是龙的传人

——新时代中国企业文化的未来思考

龙作为一种中华文化的创造、积淀、凝聚和不断传承，成了中国的象征、中华民族的象征、中国文化的象征，是每一个炎黄子孙的文化符号和血肉情感，是中华民族的精神图腾。上下数千年，“龙的传人”——这一称谓，时常会令每一个中华儿女激动自豪、奋发向上。乾卦为《易经》的第一卦，在爻辞中描述的就是龙，即“乾：元，亨，利，贞。初九：潜龙，勿用。九二：见龙在田，利见大人。九三：君子终日乾乾，夕惕若，厉无咎。九四：或跃在渊，无咎。九五：飞龙在天，利见大人。上九：亢龙有悔。用九：见群龙无首，吉”。意喻君子要向龙一样做圣明伟大的人，即“夫大人者，与天地合其德，与日月合其明，与四时合其序，与鬼神合其吉凶。先天而天弗违，后天而奉天时。天且弗违，而况於人乎？况於鬼神乎？”这段话的意思就是说：对于那些圣明伟大的人来说，他们的品德能与天地相契合，思想能与日月辉映，行为能与四季变化相适合，成败能与鬼神一样化吉凶。做没有先例的事，天道不会违背他；做势在必做的事，他也不违背天道。天道尚且与他不相违背，何况人，何况鬼神呢？

进入新时代，作为龙的传人，我们将如何以龙的品德和智慧，思考新时代中国企业文化的未来发展呢？

五四运动的百年精神感召

众所周知，100多年前的五四运动是一场伟大的革命运动，标志着中国工人阶级开始登上历史舞台，标志着马克思主义在中国的有力传播和为中国共产党的成立准备了思想基础，标志着中国新民主主义革命拉开了历史的序幕。

五四运动孕育的爱国、进步、民主、科学的伟大精神，是中华民族百折不挠、自强不息精神的生动写照，是所有中华儿女都应万分珍视、大力弘扬的不朽精神财富。爱国是五四精神的核心，体现为争取民族独立、维护国家主权和领土完整，反对帝国主义的奴役和封建军阀政府的卖国行径；进步是五四精神的灵魂，体现为反对和打破阻碍民族独立和人民解放的一切腐朽没落的东西，推动中国社会向前发展；民主是五四精神的本质，体现为推翻专制独裁的旧制度，实现了广大人民的解放和民主、自由；科学是五四精神的精华，体现为探索指导中国人民根本改变受奴役、受压迫地位的科学真理和发展道路。五四运动虽然已经过去100年多了，但五四精神却在这100多年里不断发扬光大，不仅成为新文化运动的精神主导，更成为激励中国人民救亡图存、振兴中华的强大精神支撑，融化在中国共产党人的血液里，让中国共产党带领一代又一代中国人前仆后继、英勇奋斗，用生命和鲜血在历史洪流中谱写了一曲曲感天动地的不朽乐章。可以说五四运动以来的100多年，是中华民族从文化自省到文化自觉、文化自立、文化自信的100多年；是中国人民从醒过来到站起来、富起来、强起来的100多年；是中华民族从醒悟奋起到竭力拼搏更加接近伟大复兴的100多年；是中国人从任人宰割、任人蹂躏到引领世界构建人类命运共同体的100多年。

需要特别指出的是，这100多年，也是中国工人阶级开始以独立的姿态登上历史政治舞台，形成了以工人为主力、有小资产阶级和资产阶级及其他市民群众广泛参加的全国规模的群众反帝爱国运动，促进了五四精神在中国民族企业的生根发芽，促进了中国无产阶级的成长壮大，促进了中国民族企业高举爱国主义的旗帜抵抗外国侵略势力和本国封建势力的压迫和剥削，促进了中国广大企业在中国共产党的领导下，逐渐将以爱国为核心的五四精神转化为中国企业精神，成为中国企业文化的精髓。现如今，“爱国、进步、民主、科学”的五四精神已经成为社会主义核心价值观的主要内涵，支撑着中国企业的文化自信，引领着中国企业不断向前发展。

回顾历史、展望未来，100多年后的今天，我们应该如何弘扬五四精神，促进新时代企业文化创新呢？

一是要深刻地认识到以习近平新时代中国特色社会主义思想为指导，是弘扬五四精神，促进新时代企业文化创新的核心要求。在中华民族内忧外患、社会危机空前深重背景下爆发的五四运动，开辟了马克思主义传入中国的新途径，开启了马克思主义在中国迅速传播并吸引中国先进知识分子的新形势，开创了中国工人阶级登上历史舞台的新局面，开始了马克思主义同中国工人运动相结合的伟大进程，从根本扭转了中华民族不断衰落的命运。

当前，我们纪念五四运动、弘扬五四精神，必须要清醒地看到，全球动荡源和风险点日益增多，我国的外部环境更加复杂、严峻，我们面临更多的新情况、新问题、新挑战，尤其是经济运行稳中有变、变中有忧，不仅需要高度警惕和防范，更亟须做好化险为夷、转危为机的准备。为此，中国企业和企业家必须深刻认识和准确把握国内外环境的深刻变化，切实增强忧患意识，未雨绸缪，以高度的文化自觉和文化自信，精准研判、妥善应对国际国内经济领域可能出现的重大风险，特别是要以更高的站位、更广的视野、更大的胸怀，深刻感悟和把握马克思主义真理，坚定马克思主义信仰，学会运用马克思主义基本原理解决当代中国实际问题的能力和水平，尤其是要以习近平新时代中国特色社会主义思想为指导，把马克思主义基本原理同五四精神相融合，把弘扬五四精神与学懂弄通做实习近平新时代中国特色社会主义思想相结合，并使之成为促进新时代企业文化创新的核心要求。

二是要正确地认识到坚持中国共产党的领导，是弘扬五四精神，促进新时代企业文化创新的根本保证。五四运动促进了马克思主义在中国的传播，为中国共产党的成立奠定了思想基础，使中国共产党一成立就自觉把传承五四精神作为己任，带领工人农民反帝、反封建，积极争取民族的独立和解放。历史充分证明，中国共产党的党性与五四精神一脉相承，中国共产党不仅是五四精神的继承者、弘扬者，更是与时俱进的升华者、引领者。100多年的历史证明，中国人民选择中国共产党作为领导自己事业的核心力量，中华民族选择由新民主主义过渡到社会主义社会的革命道路及成功地开辟具有中国特色的社会主义发展道路，是完全正确的。没有中国共产党的领导，就没有五四精神的传承和弘扬，也就没有中国的前途和希望。因此，不论是国有企业还是民营企业，不论是企业家还是企业普通员工，都应有高度的爱国情怀和民族担当，坚持中国共产党的领导，以爱国、进步、民主、科学的五四精神不断升华企业文化的新境界。

三是要充分地认识到践行社会主义核心价值观，是弘扬五四精神，促

进新时代企业文化创新的源头活水。核心价值观承载着一个民族、一个国家的精神追求，体现着一个社会评判是非曲直的价值标准。人类社会发展的历史表明，对一个民族、一个国家来说，最持久、最深层的力量是全社会共同认可的核心价值观。2014 年 5 月 4 日，习近平总书记在北京大学师生座谈会上曾指出："五四精神体现了中国人民和中华民族近代以来追求的先进价值观。爱国、进步、民主、科学，都是我们今天依然应该坚守和践行的核心价值，不仅广大青年要坚守和践行，全社会都要坚守和践行。"如今，五四精神已经深深融入"富强、民主、文明、和谐，自由、平等、公正、法治，爱国、敬业、诚信、友善"的社会主义核心价值观中，培育和践行社会主义核心价值观就是对五四精神最好的传承和弘扬。

2014 年 2 月 24 日，习近平总书记在中共中央政治局第十三次集体学习时曾强调："核心价值观是文化软实力的灵魂、文化软实力建设的重点。这是决定文化性质和方向的最深层次要素。一个国家的文化软实力，从根本上说，取决于其核心价值观的生命力、凝聚力、感召力。"一个国家是这样，一个企业也是这样，一个优秀的企业更应该是这样。为此，弘扬五四精神，促进新时代企业文化创新，必须要牢牢把握住社会主义核心价值观这个源头活水。

四是要清楚地认识到以中华民族伟大复兴的中国梦为引领，是弘扬五四精神，促进新时代企业文化创新的内生动力。五四运动不仅是以一批先进青年知识分子为先锋、工人阶级和广大人民群众参加的彻底反帝反封建的伟大爱国革命运动，也是一场伟大的思想解放运动和新文化运动，更是一场激励中华儿女抵御外侮、赢得民族独立、推动中国历史进步、实现中华民族伟大复兴的史无前例的运动。此时此刻，我们可以告慰五四先驱们：近代以来久经磨难的中华民族迎来了从站起来、富起来到强起来的伟大飞跃，迎来了实现中华民族伟大复兴的光明前景，中国特色社会主义已经进入新时代。而为五四运动和弘扬五四精神做出特殊贡献的中国工人阶级和中国企业，100 多年以来特别是改革开放 40 年以来，国企与民企共进，从小到大、从弱到强，不断攻坚克难、发展壮大，已成为党和国家最可信赖的重要力量、成为中华民族伟大复兴的中坚力量。作为新时代的中国企业、中国企业家、中国工人阶级，要持续不断地传承和弘扬五四精神，一定要以中华民族伟大复兴的中国梦为引领构建新时代企业文化，并作为新时代企业文化不断创新的内生动力。

100 多年来，中国企业和企业家与广大工人阶级继承发扬五四精神，塑造了优秀的中国企业精神，创造了无愧于中华民族的时代荣光；奋进新时代，中国企业和企业家与广大工人阶级必将以习近平新时代中国特色社会主义思想为指导，传承和弘扬五四精神，大力促进新时代企业文化创新，为中国企业奋力实现中华民族伟大复兴的中国梦提供坚强的文化支撑。

制度创新的文化“规定动作”

2019 年 10 月 28 日至 31 日，中国共产党第十九届中央委员会第四次全体会议（以下简称全会）在北京举行成功召开。这是新时代一次具有开创性、里程碑意义的重要会议。全会充分体现了以习近平同志为核心的党中央高瞻远瞩的战略眼光和强烈的历史担当，从党和国家事业发展的全局和长远出发，重点研究坚持和完善中国特色社会主义制度、推进国家治理体系和治理能力现代化问题并做出决定，开启了国家治理体系和治理能力现代化的新征程。

当前，我们学习贯彻全会精神，全面落实《中共中央关于坚持和完善中国特色社会主义制度推进国家治理体系和治理能力现代化若干重大问题的决定》（以下简称《决定》），深刻认识制度不仅是我们党治国理政的重要目标，带有根本性、全局性、稳定性和长期性，也是新时代中国企业文化建设的重要目标，是企业文化不可或缺的结构层面和重要载体，是企业文化“落地”的关键环节，同样具有根本性、全局性、稳定性和长期性。因此，我们必须因势而谋，围绕以习近平同志为核心的党中央决策部署，紧密结合各自企业文化的建设实际，以全会精神为指导，以《决定》为依据，深入研究新时代中国企业文化建设的核心诉求和发展趋势，积极探索新时代中国企业文化建设的基本特征和规律，积极主动地做好党和国家制度创新的文化“规定动作”。

一是党的全面领导制度的“规定动作”。全会做出的关于完善党领导企业和各项事业的制度，健全各级党委（党组）工作制度，确保党在企业组织中发挥领导作用，推动各方面协调行动、增强合力的制度安排和要求等，顺应时代潮流、符合发展规律、体现人民愿望，也是新时代中国企业文化建设的内在要求和“规定动作”，无论是国有企业还是民营企业一定要走在前列，坚持党的领导，以党建为统领建设企业文化。

二是社会主义先进文化制度的“规定动作”。全会指出：“发展社会主义先进文化、广泛凝聚人民精神力量，是国家治理体系和治理能力现代化的深厚支撑”。同样的道理，发展先进企业文化、凝聚企业员工的精神力量，是企业走向现代化、全球化的深厚支撑。因此，我们一定要全面贯彻落实习近平新时代中国特色社会主义思想，坚持社会主义核心价值观，以中国特色社会主义文化为底蕴，坚定文化自信，牢牢把握新时代中国企业文化的前进方向，全方位构建新时代这个企业文化建设的制度体系，让企业文化成为中国精神、中国价值、中国力量中不可或缺的重要因素。

三是社会主义基本经济制度的“规定动作”。我们必须看到，全会提出的“公有制为主体、多种所有制经济共同发展，按劳分配为主体、多种分配方式并存”，是一个重大创新，也是给所有企业吃的一颗“定心丸”。因此，不论是国有企业、民营企业，还是混合所有制企业，都要以此作为方向标，正确定位企业的使命、愿景、核心价值观和精神，以文化把握企业未来的发展方向和路径。

四是“两个毫不动摇”制度的“规定动作”。全会再次强调了要“毫不动摇巩固和发展公有制经济，毫不动摇鼓励、支持、引导非公有制经济发展”，并明确提出要深化国有企业改革、探索公有制多种实现形式、发展混合所有制经济、健全支持民营经济和外商投资企业发展的法治环境等，尤其是要增强国有经济竞争力、创新力、控制力、影响力、抗风险能力，做强做优做大国有资本；健全支持中小企业发展制度，促进非公有制经济健康发展和非公有制经济人士健康成长等。我们必须看到，国有企业改革首先是文化观念的改革；探索公有制多种实现形式，必须有公有制多种实现的文化形态；发展混合所有制经济，必须先有混合所有制企业文化的支撑；增强国有经济竞争力、创新力、控制力、影响力、抗风险能力，其背后支撑的是文化力等，一定要高度重视企业文化建设，因势利导地创新企业文化。没有最基础、最广泛、最深厚的文化做支撑，制度难以建立和持久，一切都将功败垂成。

五是按劳分配为主体、多种分配方式并存制度的“规定动作”。全会强调“坚持多劳多得，着重保护劳动所得，增加劳动者特别是一线劳动者劳动报酬，提高劳动报酬在初次分配中的比重”。这是我们所有企业和企业家都得面对的一个重要课题。因此，我们所有的企业和企业家都应坚持以人为本，尽快建立、健全企业按贡献决定报酬的机制，确保员工的正常收益，不断改善员工的工作、学习和生活环境，积极履行社会责任，开展慈善等社会公益事业，不断提高企业的社会知名度、信誉度和美誉度。

六是科技创新体制机制的“规定动作”。全会特别强调要“弘扬科学精神和工匠精神”，“支持大中小企业和各类主体融通创新”。对此，我们一定要充分认识到，创新是引领企业发展的第一动力，创新文化建设是企业应对发展环境变化、增强发展动力、把握发展主动权的战略引擎，也是顺应国家科技创新大势持续发展的制胜之道。因此，必须把创新文化建设作为企业文化建设的“龙头”，发挥重要的引领和带动作用。

七是最严格的生态环境保护制度的“规定动作”。全会提出“坚持人与自然和谐共生，坚守尊重自然、顺应自然、保护自然，健全源头预防、过程控制、损害赔偿、责任追究的生态环境保护体系”，这是对我们企业在新时代注重生态环境保护，重视绿色生产、发展绿色产业、推进绿色技术创新，更加自觉地推动绿色循环低碳发展，提出了新的标准和更严格的要求。

区块链技术的文化启示

技术是为某一价值目标共同协作组成的各种工具和规则体系，具有目的性、社会性、多样性和价值性特点，是人类为实现价值需求而创造和发展起来的手段、方法、技能的总和，是生产力的核心要素之一，属于一种特殊的社会文化。

区块链技术是一种以比特币为代表的数字加密货币体系的核心支撑技术，是一个分布式的共享账本和数据库，具有去中心化、不可篡改、全程留痕、可以追溯、集体维护、公开透明等特点。

习近平总书记在中央政治局第十八次集体学习时强调："我们要把区块链作为核心技术自主创新重要突破口，明确主攻方向，加大投入力度，着力攻克一批关键核心技术，加快推动区块链技术和产业创新发展"，要求我国"在区块链这个新兴领域走在理论最前沿、占据创新制高点、取得产业新优势"。那么，我们应该如何学习贯彻落实习近平总书记关于区块链技术重要讲话精神，理解中央高层关于区块链技术的前瞻判断，研究应用区块链技术文化启迪新时代中国企业文化建设呢？

著名国学大师王国维先生曾经在他的名作《人间词话》中说，"古今之成大事业、大学问者，必经过三种之境界：昨夜西风凋碧树，独上高楼，望断天涯路，此第一境也；衣带渐宽终不悔，为伊消得人憔悴，此第二境也；众里寻他千百度，蓦然回首，那人却在灯火阑珊处，此第三境也"。然而，巧的是，区块链技术与生俱来就有三种境界，须一一经过。

第一境也，道器合一。《周易·系辞》中说："形而上者谓之道，形而下者谓之器，化而裁之谓之变，推而行之谓之通，举而措之天下之民谓之事业。"这一段系辞的意思是说，超越于形体之上的，叫作"道"；居于形体层面的叫作"器"；道器合一，相互作用导致事物交感化育、互为裁节，叫作"变"；顺沿变化而推广，叫作"通"；将"变通"的道理提出来应用到天下人的生活中，就称之为事业。区块链技术也具有道与器的两个方面，可以说是道与器的完美结合。

从道的层面看，"诚实""透明"，通过创造信任来创造价值，就是区块链的技术之道，显示了区块链技术的核心价值追求和精神意识方面的特性，并以此为区块链创造信任奠定基础，从而实现多个主体之间的协作信任与一致行动。

从器的层面看，区块链所有交易的公共账簿和数据库、点对点网络和分布式时间戳服务器等，都是区块链技术之器，是区块链技术必须借助的载体，显示了区块链技术的物质世界的特性，从而实现精神和物质财富的创造。

区块链技术的道器合一，是由区块链技术自下而上的数据层、网络层、共识层、激励层、合约层和应用层"模型"实现的。

数据层——封装了底层数据区块的链式结构，以及相关的非对称公私钥数据加密技术和时间戳等技术，构成了区块链技术中最底层的数据结构。

网络层——包括 P2P（对等网络、“点对点”或者“端对端”）组网机制、数据传播机制和数据验证机制等，意味着区块链具有自动组网功能。

共识层——封装了网络节点的各类共识机制算法。共识机制算法是区块链的核心技术，因为这决定了到底是谁来进行记账，其将会影响整个系统的安全性和可靠性。

激励层——将经济因素集成到区块链技术体系中来，包括经济激励的发行机制和分配机制等，主要出现在公有链当中。

合约层——封装各类脚本、算法和智能合约，是区块链可编程特性的基础。

应用层——封装了区块链的各种应用场景和案例，比如搭建在以太坊（一个开源的有智能合约功能的公共区块链平台）上的各类区块链应用即部署在应用层，而未来的可编程金融和可编程社会也将会搭建在应用层。

基于“诚实”“透明”的信任之道和基于时间戳的链式区块结构、分布式节点的共识机制、共识算力的经济激励、灵活可编程的智能合约，是区块链技术、道器合一的显著特征，是区块链技术最具代表性的创新点，此为区块链技术的第一境也。

第二境也，有无相生。有无相生，是老子学说的基本思想，源出于《道德经》第二章：“天下皆知美之为美，斯恶已；皆知善之为善，斯不善矣。有无相生，难易相成，长短相形，高下相倾，音声相和，前后相随”这段话的意思是：因为事物都是互相对立而出现的，所以有和无由互相对立而诞生，难和易由互相对立而形成，长和短由互相对立而体现，高和下由互相对立而存在，音和声由互相对立而和谐，前和后由互相对立而出现。有无相生的实质，是老子从对立统一、相反相成的观点出发，认为有可以转化成无，无也可以转化成有，是矛盾双方的对立与转化，阴阳相生的关系。

有无相生，表明一切对立相反的事物，皆相待而成。区块链技术亦是如此，并由此形成了区块链技术的第二种境界。

一方面，区块链技术的开源、多元化的网络结构，使每一个节点相互连接、制约，每个人都能对相连接的其他人产生影响，不受任何组织和阶层的管理和制约，如更具有兼容性和融合性、更科学的点对点和分布式模式、更精密和智能的协议等，构成了区块链技术的“有”。

另一方面，因为每个人都能对相连接的其他人产生影响，不受任何组织和阶层的管理和制约，也就是每个人都是中心，更具有公共性、透明性、自主性、独立性和匿名性，从而形成扁平化、开放化、平等化的社会形态——无中心，使区块链技术的“有”产生了“无”。

此外，由于区块链技术的去中心化，所形成的“无中心、无权威、无中介、无投机”，又产生了全新的信任模式，使开放度更高、信任度更高、安全度更高及交易效率更高、交易成本更低，使区块链技术的“无”又产生了“有”。

综上所述，区块链技术的有无相生，由有而生无，由无而生有，既相互对立统一又能相互依存转化，从而形成了区块链技术的第二境界。

第三境也，群龙无首。“群龙无首”是一个成语，出自《易·乾》：“用九，天德不可为首也。”意思是天道循环不已，物极而反，阳极变阴，刚去柔来，则能以柔济刚，用九而不为九所用，不自居万物之首，此天道之美。这是因为乾卦六爻均为阳爻，是群龙之象，皆有刚健的本质。惟以刚健而为首，则易为外物所忌，若物极而反，阳极变阴，不强为人之首，则能以柔济刚，而获吉祥。

从某种意义上讲，区块链技术以去中心化、智能合约、共赢机制等，将大家的利益绑定在一起，进行自我管理和集体维护，并采取奖励和惩罚措施，不仅颠覆了人们的生产生活方式，也重新定义了人与人之间的关系——生产关系。对生产关系的具体内容，马克思在《政治经济学批判》的导言中指出，它包括人们在生产、交换、分配和消费等方面的关系，“它构成一个总体的各个环节，一个统一体内部的差别”。技术的进步影响了生产关系。因为社会生产的变化和发展始终是从生产力的变化和发展上，并首先从生产技术的变化和发展上开始的。区块链技术特有的“434534”本质特征和功能恰恰提供了这样一个可能性。

四去：去中心化、去权威化、去中介化、去投机化。

三更：更具有兼容性和融合性、更科学的点对点和分布式模式、更精密和智能的协议。

四全：全新的信任模式、全面的信息安全、全高的交易效率、全低的交易成本。

五性：公共性、透明性、自主性、独立性、匿名性。

三高：开放度高、信任度高、安全度高。

四共：共有、共识、共创、共赢。

可以说，区块链技术作为一种技术进步的浪潮，它不仅为生产力的发展开辟了广阔前景，也为生产关系的发展变化描绘了宏伟蓝图——“人的自由而全面发展”！此乃区块链技术的第三境也。

不难看出，区块链作为一种新兴技术，其背后支撑的却是文化，从道器合一，到有无相生，再到群龙无首，实质上是文化的不断升华，只有理解和把握了区块链技术的文化力，才能增强区块链技术发展的价值把握力、前瞻判断力和未来预见力，引领中国产业变革和经济转型的步伐。而这一切正是我们应势而动，通过区块链技术的文化启示，进一步开拓新时代中国企业文化建设的视野和思路，实现企业文化建设不断创新提升的意义所在。

聚焦五大技术突破

作者曾提出“五气定律”：不论是一个国家、一个民族，还是一个组织、一个人，都有一个自我气度、气局、气势、气节、气象的决定性结果，他的气度决定他的高度；他的气局决定他的格局；他的气势决定他的态势；他的气节决定他的名节；他的气象决定他的万象。

以此来说，中国的企业和企业家更应该以大气度、大气局、大气势、大气节、大气象，以新的时代担当，凝心聚力、铸魂塑形，在空间格局上纵横捭阖，在时间轴线上一以贯之，在现有高科技研发的水准上，利用可以凝聚力量办大事的制度优势，集中兵力、集中精力、集中财力，以最大的决心、最大的投入、最短的时间、最高的标准、最好的办法、最优的成果，全力聚焦五大技术突破。

生物科学技术突破——这是利用“生物体（含动物、植物及微生物）”来生产有用的物质或改进制成新物种的科学技术，是我国目前急需构筑的安全战略支撑。生物科学技术可以应用于人类医学、环境、农业食粮、工业和军事等方面，对构建国家生物安全体系，全面提高国家生物安全治理能力，保证“中国人的饭碗任何时候都要牢牢端在自己的手上”，节约能源和保护环境，根治疑难病症及预防病毒等疫情传播，提高人均寿命和健康幸福指数等具有非常重要的价值和意义。

人工智能技术突破——这是国际竞争的新焦点，是我国未来必须攻克的核心关键技术和扼守的战略科技“隘口”。未来人工智能将展现出超乎想象的神奇魅力。一方面，可能会引发军队的革命性变革，重塑未来军事战场；另一方面，会像水和电一样影响人们的生活，促进人类解放，提升人类生活质量，满足人类不断增长的个性化、多样化需求，特别是通过建设智能经济、智能社会等，可以有效减灾防灾、减少安全事故，有效应对和解决我国人口众多和老龄化速度加快等现实问题。

量子技术突破——这是一个全新的技术领域，是我国科技攻关的核心和战略重点。量子技术是将量子力学的一些特性转化为实际应用，如通过量子计算、量子传感、量子通信、量子测量、量子模拟和量子成像等技术的广泛应用，把人类社会带入到量子时代。通过量子技术我们可以实现更高的工作效率、更安全的数据通信、更方便和更绿色的生活方式。

人造太阳（可控核聚变）技术突破——这是一种无限的、清洁的、安全的新能源，有望解决人类基本的能源需求，是我国有效解除能源资源受制于人的长远目标和关键性战略举措。人造太阳（可控核聚变）技术的目标是让海水中大量存在的氘和氚在高温条件下，像太阳一样发生核聚变，而 1 升海水所含氘产生的聚变能等同于 300 升汽油所释放的能量，且储量可使人类使用几十亿年，可以提供源源不断的清洁能源。一旦实现技术突破，我国就能获得持久的能源资源保障，还可以为世界发展和人类文明做出特殊的关系。

新型材料与先进制造技术突破——这是把新型材料与先进制造技术合二为一，是一个应对当前和未来竞争的优势组合，是我国工业生产发展必须筑牢的坚实基础和争取的战略竞争优势。新型材料可以促进先进制造技术的实现，先进技术可以保证新型材料转化为新的有竞争力的产品，新型材料与先进制造技术相结合，可以直接转化为高附加值的成品/半成品和技术服务。这是我国工业科技创新必须坚持的主攻方向，从而开辟出一条科技含量高、资源消耗低、环境污染少、产品质量精、经济效益好的新型工业化道路，以支持和巩固国防建设，不断满足人民日益增长的美好生活需要。

以上五项高新科技是高科技领域的重中之重和国际竞争的新高地。目前，我国的企业已经在这五个领域有了一个好的开端：从第一次利用体细胞核移植技术成功克隆出两只猕猴，到在国际上首次人工创建了单条染色体的真核细胞；从人工智能的语音识别和语音合成方面领先世界，到成功发射世界首颗量子科学实验卫星；从101.2秒稳态长脉冲高约束等离子体运行创造新的世界纪录中，到新一代“人造太阳”正式开始总体安装；从高温超导体材料和纳米材料等研究取得可喜成果，到独创的双离子束外延机、3微米集成电路工艺的突破，以及核工业机器人、六维机器人等多种机器人的精密制造等，已经整体性展示了特有的高科技实力和水平。如果我们能够聚焦这五个高科技领域并取得成功，不仅会大幅提升国家的综合实力和人民群众生活的幸福感，还会改变我国的国际环境、战略态势和发展趋势。

为此，中国的企业和企业家一定以前所未有的担当精神，力所能及、只争朝夕地做好以下六个方面的工作。一是以国为重，充分认识生物科技、人工智能、量子技术、人造太阳（可控核聚变）、新型材料与先进制造的重要性，相互支持、团结协作、奋力拼搏、勇攀高峰。二是以效为先，注重市场牵引，充分利用好政府、企业、教育、科研等方面的积极性和资源，科学制订发展规划，统筹安排、周密计划、合理布局、重点支撑。三是以新图强，大胆创新，不怕失败，以基础理论研究为先导，以应用创新为支撑，要有定力、有耐力、有长力，舍得投入、敢于投入、长期投入，注重经验和案例的总结及沉淀。四是以人为本，在突出高端人才培养的同时，还要由近到远、由低到高、由少到多地立体化、多层次培养各类型人才。五是以我为主，立足企业自身，自力更生、艰苦奋斗，求真务实、严肃认真，时刻保持清醒的头脑，不“盲目跟风”，杜绝弄虚作假。六是以质取胜，要确保质量第一，积极制订行业和产业新标准、新技术法规，加大保护知识产权的力度，重视数据安全，有效防止隐私的泄露。

新冠肺炎疫情对企业“灵魂”的大考

2020 年 1 月 25 日农历鼠年春节，这个本该是举国欢庆、合家欢乐的日子，却因一场新冠肺炎疫情，冲淡了新春佳节的气氛，让本该喜庆欢乐的人们心情变得压抑、凝重、焦虑、沉痛……

面对这异常严峻的疫情形势，习近平总书记迅速做出重要指示，并在正月初一主持召开了一次不同寻常的中共中央政治局常务委员会会议。此次会议专门听取新型冠状病毒感染的肺炎疫情防控工作汇报，对疫情防控特别是患者治疗工作进行再研究、再部署、再动员。会议决定，党中央成立应对疫情工作领导小组，在中央政治局常务委员会领导下开展工作。党中央向湖北等疫情严重地区派出指导组，推动有关地方全面加强防控一线工作。疫情就是命令，防控就是使命，责任就是担当。这次抗击新冠肺炎疫情是一场人民的战争、一场新时代抗疫之战，关乎每一个人、每一个家庭、每一个组织，也关乎每一个企业和企业家。至此，一场由习近平总书记亲自指挥、亲自部署的疫情防控攻坚战、阻击战、总体战全面展开。

面对这场突如其来的疫情，我们必须充分地认识到：文化是一个国家、一个民族的灵魂，也是全面打赢此次疫情防控人民战争、总体战、阻击战的精神之源和硬核力量。如果说“这次疫情是对我国治理体系和能力的一次大考”，那么也是对企业文化的一次大考！因为疫情无时无刻地在抨击着每一个人的灵魂、叩问着每一个人的良知、验证着每一个人的行为。企业文化是企业的灵魂，是企业起主导和决定作用的力量。面对此次疫情大考，我们的企业和企业家应该交出一份什么样的企业文化答卷呢?

（一）增强“四个意识”，交出企业文化精神层面的合格答卷

第一，要增强政治意识。面对突如其来的疫情，企业最首要的是要讲政治，在这场疫情防控的阻击战、攻坚战中，毫不犹豫地扛起中国企业的责任担当。一是要认真贯彻落实习近平总书记重要指示精神和党中央决策部署，按照当地政府和有关部门的具体规定和要求，结合本企业的实际情况，抓好各项疫情防范工作的落实。二是要按照“坚定信心、同舟共济、科学防治、精准施策”的要求，听从指挥、快速反应、顾全大局、积极行动。三是要把企业员工的生命安全和身体健康放在第一位，作为当前疫情防控工作最紧迫、最重要的工作来抓。四是要对企业疫情防控和复工复产双管齐下，做到两手抓、两手都要硬，进行认真研究，制订详细方案，作出周密安排，采取严格措施，抓细抓好落实。

第二，要增强风控意识。一方面，要清醒地看到，此次新冠肺炎传染力强、传染区域广、潜伏期时间长、出现无症状感染者、没有特定易感人群、聚集性感染突出等特点，会给企业复工生产造成长期困扰，要予以高度重视，切不可掉以轻心。另一方面，要理性、客观对待因疫情给企业（特别是中小企业）造成的困难和挑战。例如，一些地方采取过激的防疫措施，设置的企业复工条件过于严苛，导致企业无法复工；因市场需求萎缩，企业开工的动力不足；营收、现金流大幅减少，周转资金紧张或资金链断裂，企业难以为继；企业员工难以返企复工或复工意愿不高，导致企业用工紧张；成本压力上升，企业复工复产后或面临劳资关系紧张；企业用能成本提高，还贷、缴税和交房租、社会保险费和住房公积金等压力增大，生产运转困难；原材料供应短缺，物流运输困难，产业链难以完全恢复；企业防疫物资短缺、缺乏防疫经验和手段，加强疫情防控管理，预防聚集性疫情难度大；受疫情影响，企业生产管理的成本增高、压力增大，企业预期转弱，扩产能力面临制约，等等。因此，无论是大企业还是小企业，都要沉着冷静、积极应对，不能等、靠、要，也不要怨天尤人，更不能一蹶不振、放任自流，而要从本企业实际出发，有效利用国家和当地政府有关疫情助企政策，加强企业外部联系和内部管理，相信依靠员工，勇于克服困难，力争把损失减到最小。

第三，要增强责任意识。如果说医院是抗疫的战场，企业就是战场的纵深阵地；如果说奋战在医疗一线的医务人员是白衣战士，那么战斗在生产一线的企业员工就是蓝衣士兵。我们已经看到，除了广大的医务人员奔赴一线外，不论是国企还是民企，不论是大企业还是小企业都迅速行动起来：从武汉火神山、雷神山医院的神速崛起，到助力医疗救治展开全面支援行动；从克服困难、主动参战，积极生产防疫用品和民生商品，到与时间赛跑，加紧开展疫情所需的科研攻关；从加班加点提供生活食品、用品服务，到坚守岗位保电、保水、保气、保暖、保交通；从跨界转产“抗疫”保供，到捐款捐物解前方燃眉之急，等等，有数不清的企业用实际行动践行着自己的社会责任，为战胜病毒、保障人民的正常生活、维持社会秩序和重新恢复经济活力做出了卓越的贡献。可以说，中国的企业在此次抗疫战中已先行交出一份负责任的“考卷”。但是，企业的责任还不止于此，除了对国家和社会负责以外，还应该做到以下“四个负责”，即对员工负责，要确保员工的生命安全和身体健康；对客户负责，要讲诚信、重信誉，对客户充分说明情况，积极沟通协商，争取最大努力保证客户的利益；对股东负责，与股东同心同德、同舟共济，积极争取股东的信任与支持；对合作者和利益相关者负责，积极沟通、达成共识，齐心协力、合作共赢。

第四，要增强创新意识。越是危机的时候，越是最需要创新的时候。始料不及的疫情危机就是企业机不可失的创新机遇。我们要克服疫情给企业造成的困难和困境，弥补疫情给企业带来的损害和损失，必须勇于创新，这是因为以下几点。

唯有创新，才能真正贯彻落实习近平总书记关于“我们仍然要坚持今年经济社会发展目标任务，党中央决策部署的经济社会发展各项工作都要抓好，党中央确定的各项任务目标都要完成”的重要指示精神，以国为重，敢于担当，维护国家经济的平稳运行和社会的安全稳定。

唯有创新，才能在疫情发展不确定的环境下，坚定企业的使命担当、愿景目标、核心价值和精神追求，审时度势，坚定、果断地该升级就升级、该转产就转产、该转型就转型、该跨界就跨界，切不可等待观望、莫衷一是、犹豫不决。

唯有创新，才能有自信面向未来，从企业最基础、最薄弱、最重要的环节切入，以做最坏的打算、尽最大的努力、出最好的结果，着力加强人才培养、产品研发、技术创新，优化生产管理的流程与制度，采取有力的措施，尽可能挽回因疫情这个不可抗力造成的损失，抓紧有限的时间，争取完成年度生产任务指标和发展预期。

唯有创新，才能抓住疫情之后爆发出的一些新市场需求，如医药医疗和高端生命生物技术创新领跑、心理咨询和心理陪护需求扩大、大众层面的健康卫生需求突显、“懒经济”和“宅经济”双双爆发、智库和参谋机构的价值增值、在线教育平台优势突出、手游和“新网红经济”更具爆发力、现代制造向更高领域迈进、物联网和智慧城市加速崛起、新能源和节能环保等领域吸引力增强、餐饮和旅游行业消费的“报复性反弹”，等等，这些都需要我们的企业和企业家提前思考、深入研究、主动作为。

（二）完善“四个机制”，交出企业文化制度层面的合格答卷

第一，要完善企业疫情防控领导机制。企业要服从党中央和地方政府的统一指挥，顾全大局、勇于担当。一是要迅速成立疫情防控领导小组，企业第一把手亲自挂帅，对企业抗击疫情和复工复产实施集中统一、科学高效的组织指挥。二是要根据当地疫情和企业的实际情况，准确判断和及时分析疫情形势，周密部署工作，查问题、补短板、堵漏洞、克服薄弱环节。三是企业各级领导和管理人员都要扛起防疫的责任，各司其职、各负其责，率先垂范经受考验。四是要在抗击疫情期间采取有效措施，做到指令清晰、组织有序、管理畅达、执行有力，精准解决疫情引发的各种问题。

第二，要完善企业疫情防控应急管理机制。企业要在已有的抗震救灾、预防事故等应急预案的基础上，迅速建立重大疫情应急响应机制，切实加强管理。一是要建立健全疫情防控规范和应急救治管理办法，迅速采取早发现、早报告、早隔离、早治疗的措施，加强企业内部防控，切断疾病传播途径。二是加强在岗和返程复工人员的健康监测，做好厂房车间、交通工具、设施设备等消毒通风等工作，降低企业员工的感染率。三是要以厂为单位，从厂、车间到工段、班组及员工岗位，确定不同风险等级，分区分级制订差异化防控标准和管理办法，把各项防疫要求落实到位。四是在疫情期间，企业要实施每日安全风险研判和通报制度，建立复工复产和疫情防控工作台账，按时如实向上级或地方政府有关部门报送相关情况，积极参加当地政府管理部门的沟通联动机制，积极实施群防群控、联防联控，发现重要情况妥善处置。

第三，要完善企业疫情防控平战管理转换机制。防控疫情要平战结合。一是要认真总结此次疫情防控的经验教训，结合防震、防洪、防火等应急管理机制，建立健全企业疫情防控体系，实施统一的组织管理。二是要制订疫情防控的各种标准、制度和措施，制订有效的疫情应急预案。三是注重企业基层医务室建设和管理，结合企业安全员、质检员管理制度，建立车间卫生专员和班组兼职卫生员制度，加强基层卫生防疫的宣传教育和组织管理。四是注重企业平时卫生防病和疫情防控工作的落实，建立健全员工年度身体检查制度、日常健康卡管理制度、身体素质体质管理考核制度等。五是关心员工的身心健康，注重员工平时的体育锻炼、文化娱乐和心理健康咨询。六是根据企业的生产经营情况，适时进行疫情防控方面的培训和应急演练，毫不懈怠地做好各项疫情防范工作。

第四，要完善企业疫情防控宣传教育机制。疫情防控形势严峻、复杂，一些企业员工难免存在焦虑、恐惧心理。因此，企业必须要建立一套科学、有效的疫情防控教育宣传机制。一是深入宣传党中央的重大决策部署，结合社会正面报道，积极做好自身的宣传舆论工作。二是要系统运用电视广播、报刊书籍、微信微博等各种形式，让员工更多地知道党和政府正在做什么、还要做什么，生动讲述防疫抗疫的感人事迹，广泛普及科学防护知识，坚定员工战胜疫情的信心。三是要加大对传染病防治法的宣传教育，引导员工依法行动、依法行事，不信谣、不传谣、不造谣。四是要敢于正视社会和企业存在的问题，及时回应员工，着力稳定员工的情绪。五是要跟踪、研判疫情和舆情，主动发声、正面引导，努力营造企业良好的舆论环境，展现企业员工团结一心、同舟共济的精神风貌。

（三）规范“四个行为”，交出企业文化行为层面的合格答卷

第一，要规范企业领导人的行为。企业领导人必须要扛起疫情防控的大旗，以身作则地贯彻落实党中央的决策部署和当地政府的防控举措。一是要“既有责任担当之勇、又有科学防控之智，既有统筹兼顾之谋、又有组织实施之能”。二是要正确处理避免疫情风险与避免经营风险、债务风险、违约风险的关系；正确处理疫情防控与复工复产的关系；正确处理企业与党和政府、与社会、员工、客户、股东、合作伙伴的关系。三是要服从大局、统筹安排，既要考虑企业防控的需要，也要考虑当地政府、社会、社区防控的需要，绝不搞本位主义，坚决杜绝形式主义、官僚主义。四是要坚定信念、树立信心，争取打赢抗疫攻坚战和努力实现全年生产经营的目标任务，切实抓好各项工作落实。

第二，要规范企业员工的行为。企业员工面对疫情带来的影响，不免会存在焦虑不安的情绪，甚至会灰心泄气。但越是在这种不确定的环境下，越要提高员工抗击疫情的勇气和对疫情认知的能力，让员工充分相信自己、相信企业，尤其是要理解当前企业和企业领导面临的困难，正确处理自己与企业的关系、抗击疫情与工作生产的关系、自己和家庭、街坊邻里的关系等，自觉遵守防控疫情“三大纪律八项注意”。

“三大纪律”：一切行动听指挥；一切疫情防控措施要执行；一切身体异常状况要报告。

“八项注意”：不盲目恐慌；不提无理要求；不找任何借口；不造谣、不信谣、不传谣；不撒谎，也不替别人撒谎；讲卫生、戴口罩、勤洗手、少聚集；健康作息、合理饮食、睡眠充足；锻炼身体、注意安全。

第三，要规范企业的道德行为。疫情越是严重，企业越是要加强社会公德、职业道德、家庭美德、个人品德建设。一方面，要善待员工，关注员工的生命安全和身体健康，保障员工的合法权益，尽最大努力改善企业的工作和生活环境，在抗击疫情中激发员工善良的道德意愿和道德情感，培育员工正确的道德判断和道德责任，自觉讲道德、尊道德、守道德。另一方面，企业要肩负起对国家、社会、客户、股东和利益相关者的道德责任、道德义务，坚决避免道德观念模糊、是非善恶不分；坚决不做见利忘义、唯利是图，损人利己，突破公序良俗底线、妨害人民幸福生活之事；坚决杜绝利用疫情不讲信用、造假欺诈、哄抬物价、囤积居奇等违法犯罪行为，避免伤害国家尊严和民族感情的事件发生。

第四，要规范企业的慈善行为。企业慈善本身就是一种文化。如果说企业做公益慈善能提升美誉度和品牌影响力，那么在新冠肺炎疫情暴发的危急时刻做公益慈善，就是一种责任担当和爱的奉献，是一种对国家和社会的特殊回报。一个企业要以盈利为目的，但不能只为盈利而存在。我们的企业和企业家一定要认识到，在此国家危难、社会需要的时候做慈善，是一种仁心义举，是承担起一个企业和企业家该承担的社会责任，是向社会发出的一种正能量信号，是为社会稳定做出的积极贡献，是一种心灵和精神上的慰藉。一是利用自身的优势在业务涉及的领域挺身而出、担当作为。二是从实际出发，采用现金、实物或提供劳务等多种方式，量力而行，尽最大限度、最大努力为抗击疫情做贡献。三是注意自身的承受力，对慈善支出要有预算控制，防止盲目或不计成本，影响企业自身的复工复产及正常运行。四是在慈善实施过程中要加强监管，防止慈善行为失败。五是要通过公开渠道进行发布，防止因外界误解造成负面影响。六是企业在做慈善的时候，绝不能只说不做，绝不能说得多、做得少，绝不能假借慈善的名义获取不当利益，绝不能用不良物品做慈善等。

（四）加强“四格管理”，交出企业文化物质层面的合格答卷

目前已经确定新冠肺炎疫情的传播途径主要有三种，即直接传播，指患者打喷嚏、咳嗽、说话时的飞沫，呼出的气体近距离直接吸入导致的感染；气溶胶传播，指飞沫混合在空气中，形成气溶胶，吸入后导致感染；接触传播，指飞沫沉积在物品表面，接触污染手后，再接触口腔、鼻腔、眼睛等黏膜，导致感染。企业的物质构成要素和空间等都是员工经常走动、触碰的地方，是潜在的病毒间接传播体，如被忽略或不予重视，就会造成间接传播风险。

第一，对企业的技术设备工具等进行定格化管理。在原有的技术操作、设备运行、工具使用等管理规定的基础上，要按照疫情防控的要求，进行定格化管理。一是对技术设备工具等实物进行管理定格，按规定适时清洁和消毒，进行标准化管控。二是对技术设备工具的使用方法进行管理定格，操作人员要按规定戴口罩、戴手套和防护用具，勤洗手，不要随意触摸口、鼻、眼睛。三是对技术设备工具运作和实施的空间进行管理定格，要保持空气流通、地面清洁，物品放置有序，尽量避免人员聚集、相互交叉等，及时清理和正确处理垃圾。

第二，对企业的生产资料供应等进行破格化管理。生产资料保障是企业复工复产的必要条件，也是疫情防控不可忽视的一个重要环节。在疫情没有彻底消除之前，企业对生产所需要的物质资料等，在遵循原有管理规定的基础上，进行破格化管理。一是破格开展产业链企业抗疫协作，同舟共济，各自管好自己的物、把好自己的门，保证疫情不传播。二是破格建立疫情期间生产资料购买、发放、使用等制度，进行严格详细的登记，可以追溯，并根据需要实施预先检查、预防性消毒等措施。三是破格建立生产资料专人联系负责机制，尤其是对从疫情严重地区来的物资要严格责任到人，及时审核检查，及早采取防控措施。四是破格制订生产资料保供的应急预案，做好各种应急处置准备。

第三，对企业的厂房设施环境等进行网格化管理。厂房设施环境是企业抗击疫情的重要阵地，要根据企业自身情况和需要，对已有的各项管理规定进行丰富和完善，进行网格化管理。一是设立专职或兼职网格员，对企业厂房设施环境等进行网格划分，根据疫情防控的需要不断进行整改完善。二是对网格划分所涉及的人、机、物、环、事等要素并进行全面的信息采集管理，建立统计分析平台，对各类数据信息进行智能化汇总和分析，制成数字和图形报表，用柱状图和饼状图来显示，使其一目了然、心中有数。三是按照网格化管理的标准和要求，对人员、时间、地点、空间等进行整体性、系统性的考核管理，让发现疫情的“眼睛”和防范疫情的“触角”遍布全厂。四是责任到人，使疫情防控的各项管理事项融入网格、落到人头，形成处处有管理、人人有职责、事事有考核的责任追究机制。

第四，对企业的疫情防范救助等进行升格化管理。疫情防范救助措施是企业复工复产必不可少的手段和重要保证，要根据企业所在地区的疫情情况和自身疫情防范需要，大幅度提高企业原卫生管理、疫情防控、医疗救助等管理标准，进行升格化管理。一是加强人流管控，严控外来人员及车辆，设立企业测温点和临时隔离室，每天实施体温检测全覆盖，凡有发热及咳嗽等症状的，应阻止其进入工作场所，并进入隔离室观察。二是建立应急防疫物资发放标准及领用制度，配置专门疫情防控管控人员，保证及时配备防护口罩、消毒液、红外测温仪等疫情防控用品。三是积极探索弹性工时、轮流到岗、在家办公、网上办公、变通考勤管理等有效方式，根据企业情况和工作生产特点，组织实施错峰上下班或选择多种渠道、多种通勤方式上下班，严控会议、聚餐、聚会等群体活动，鼓励推广视频会议等形式，最大限度减少人员流动和聚集，减少员工之间的交叉感染风险。四是强化基层一线员工的疫情防控保护，定期对厂区、设备、车辆、餐具等进行消毒，确保厂区工作环境的清洁卫生，加强办公室、电梯间、食堂、会议室等相对封闭场所的管理，注意通风换气，保持室内空气流通，空调要定期清洗，并暂停使用中央空调，切实做到无遗漏、无盲区。五是要加强员工食堂的卫生管理，加强餐厅的通风和预防性消毒，推行分餐制、盒饭制，尽量避免员工集体用餐，可采取分时段进餐、就餐时相隔 1 米以上、送餐等方式减少人员聚集。六是要发挥企业医务室的作用，注意调配必要的药物和防护物资，以满足疫情防控需要，如没有设立医务室的企业应抓紧与就近的医疗机构建立联系。七是要强化应急处置管理，细化员工发烧、干咳或呼吸困难等情况的应急处置方案，加强风险研判和隐患排查，一旦发现疑似患者应立即转至临时隔离室，及时联系当地疾控机构请求指导处理，并协助开展相关调查处置工作。八是对与被诊断为新冠肺炎患者有密切接触的员工，必须要采取 14 天隔离医学观察的措施。

人类命运共同体的责任担当

习近平总书记在党的十九大报告中指出："我们呼吁，各国人民同心协力，构建人类命运共同体，建设持久和平、普遍安全、共同繁荣、开放包容、清洁美丽的世界"。

2020 年的新年前夕，习近平主席发表新年贺词——"我们愿同世界各国人民携起手来，积极共建'一带一路'，推动构建人类命运共同体，为创造人类美好未来而不懈努力。"

《中庸》中有一段话："唯天下至诚，为能尽其性。能尽其性，则能尽人之性；能尽人之性，则能尽物之性；能尽物之性，则可以赞天地之化育；可以赞天地之化育，则可以与天地参矣。"这段话的意思是，只有天下极端真诚的人能充分发挥他的本性；能充分发挥他的本性，就能充分发挥众人的本性；能充分发挥众人的本性，就能充分发挥万物的本性；能充分发挥万物的本性，就可以帮助天地培育生命；能帮助天地培育生命，就可以与天地并列为三了。我们想一想，当今世界，有哪些国家、哪些人可以与天地并列为三，又有哪些国家、哪些人在与天地背道而驰呢?

大道之行，天下为公。中华民族虽然历经坎坷、深受磨难，但始终不屈不挠、自强不息。新时代中国企业文化有五千多年中华民族漫长奋斗积累的文化养分，有源自中华民族五千多年文明历史所孕育的中华优秀传统文化，熔铸于党领导人民在革命、建设、改革中创造的革命文化和社会主义先进文化的底蕴，蕴藏着中国人民聚合的磅礴之力，一定要有崇高的思想境界和精神追求，以“赞天地之化育”的使命担当，为构建人类命运共同体做出特殊的贡献。

一是要凝聚心力。新时代的中国企业文化务必使企业和企业家深刻认识中国共产党领导是中国特色社会主义最本质的特征和最大制度优势，以习近平新时代中国特色社会主义思想为指导，自觉增强“四个意识”，坚定“四个自信”，做到“两个维护”，用中华优秀传统文化、革命文化、社会主义先进文化滋养企业文化、滋润企业员工，为企业凝心聚力、铸魂塑形。

二是要保持定力。新时代的中国企业文化务必使企业和企业家时刻保持思想清醒、思维清晰、思路清楚，保持定力，正确处理企业与党、国家、市场、人民之间的关系，深刻认识和准确把握企业面对的国内外环境变化，切实增强忧患意识，未雨绸缪，以更高的站位、更广的视野、更大的胸怀，深刻感悟、精准研判、妥善应对企业可能出现的重大风险，居安思危，永不僵化、永不停滞、永不懈怠，防患于未然，使企业永远立于不败之地。

三是要锤炼毅力。新时代的中国企业文化务必使企业和企业家正确理解和运用党的领导、市场配置人民主体协调形成的合力，正确看待和积极参加到党团结带领人民有效应对重大挑战、抵御重大风险、克服重大阻力、解决重大矛盾的队伍中去，紧紧围绕新时代我国社会主要矛盾是人民日益增长的美好生活需要和不平衡不充分的发展之间的矛盾，积极适应我国经济由高速增长转向高质量发展的新形势，不怕困难、不畏险阻、不惧风浪，坚忍不拔、坚持不懈、坚定不移地用党的先进性锤炼企业文化的先进性，用企业文化的先进性打造企业的先进生产力。

四是要创造活力。新时代的中国企业文化务必使企业和企业家坚持创新、协调、绿色、开放、共享的新发展理念，做到企业与人、与自然、与社会和谐共生，坚持节约资源和保护环境，形成绿色生产与绿色发展方式的有机统一；坚持创新文化建设，将创新作为企业发展的第一动力，瞄准世界科技前沿，对标世界一流企业，强化基础研究和前瞻性基础研究，突出关键共性技术、前沿引领技术、现代工程技术、颠覆性技术创新；坚持人才文化建设，聚天下英才而用之，注重培养造就企业所需的战略科技人才、科技领军人才、青年科技人才和高水平创新团队，为建设科技强国、质量强国、航天强国、网络强国、交通强国、数字中国、智慧社会提供有力支撑。

五是要提升功力。新时代的中国企业文化，务必使企业和企业家以正确的历史观、民族观、国家观、世界观，围绕中国发挥负责任大国的作用，不断贡献中国的智慧和力量，推动人类命运共同体建设，共同创造人类美好未来的责任担当，勇敢地走向世界，积极参加“一带一路”建设，强力构筑中国企业精神，充分体现中国企业的力量，创造和奉献中国企业的价值，努力打造国际合作发展新平台，增添与世界企业共同发展新动力，在促进多边贸易体制、促进自由贸易区建设、推动建设开放型世界经济方面做出积极贡献。